戦争取材と自己責任

Yasuda Jumpei & Fujiwara Ryoji
安田純平＋藤原亮司

dZERO

はじめに　不寛容な社会で

藤原亮司《ふじわらりょうじ》

　あれほど立派な記者会見をほかに見たことがない。二〇一八年十一月二日、日本記者クラブにおいて安田さんが行った会見である。冒頭、深々と頭を下げてお詫びと感謝を述べたあと、拘束から解放までの四十か月について話し始めた。解放からまだ十日目、帰国から八日目。まだ心身の疲れは癒えたはずがなく、拘束について日本ではどんな情報が流れ、どのような意見が交わされていたのかもおそらく十分には把握しきれていなかっただろう。

　しかし彼は、シリア情勢の概要から自身の身に起きたこと、解放のいきさつまでを詳細に説明した。そのあとの質疑応答においても推論や感情論を一切交えず、事実のみを淡々と話した。長期間情報から遮断されていた彼に、日本でシリア内戦の報道が少ないことについての意見を求めたり、今後の取材の展望を問うたりと、答えようのない質問にも、はぐらかさずに丁寧に言葉を選んで答えた。

記者会見場で二時間四十三分もの時間をかけて話し、記者の質問に答え終えて会場を去る安田さんの姿は畏敬《いけい》さえ感じるほどに堂々として見えた。よくサバイバルしきって帰ってきてくれたと、改めて思った。

二〇〇四年四月、彼はイラクで取材中に一時的に拘束された。スパイの潜入を疑う地元の自警組織による身分照会のための拘束で、当然扱いは人質ではない。疑いが晴れた三日後には解放されている。しかし、一週間前に武装組織に拘束された日本人三人が、解放の条件として自衛隊のイラク撤退を要求される人質事件が起きていたために混同され、メディアが安田さんについても「人質」と誤った報道をしたため、激しい非難にさらされることになった。

対談でも述べているが、当時の彼の顔を映像で見た私は、まるで人間を信用しなくなった野犬のようだと感じた。人はどれほどの怒りと苦悩を経ればこのような顔になるのかと驚いたことを覚えている。実際に知り合ったのは二〇〇九年で、そのころにはもう穏やかな顔になっていた。

翌年からは日銭稼ぎのため同じ職場で働いていたので、帰りによく一緒に酒を飲んだ。

彼が拘束されてから、メディアの記者たちに安田さんはどんな思いを持ったジャーナリストなのかをよく問われたが、私には記者を満足させる答えはなかった。いつも話すことは雑談ばかりで、仕事についての思いなどを話すことはない。そういうたいそうな話がきっとお互いに好きではないのだ。あまりに毎回聞かれるので「藤沢周平《ふじさわしゅうへい》の時代小説に描かれるような男ですよ」と言うことにした。

安田さんがシリアで連絡が取れなくなっていると知ったのは二〇一五年七月四日、情報を探ってもらっていたシリア人から拘束されているという連絡が入ったのが九日だった。それ以来、シリアやトルコにいるシリア人の伝手《つて》をたどり、安田さんについての情報を探る日が続いた。

拘束をめぐってはさまざまな人々が蠢《うごめ》いていた。自ら交渉役を名乗り出る者たち、拘束側との仲介ができると売り込んでくる男たち。

安田さんを拘束していた組織は〈ヌスラ戦線〉（のちのHTS／タハリール・アル・シャーム機構）だと、日本の報道でも、トルコやシリアにいるシリア人たちの間でも言われていた。私自身も当初はヌスラ説を疑問に思ったものの、途中からはそれを疑わなくなった。

しかし、帰国した安田さんの情報と照らし合わせてみると、そうではない可能性が高いことがわかった。

一方で、同じくシリアで反体制派武装組織に拘束され、自国政府の介入によって解放されたイタリア人やスペイン人の人質は、〈ヌスラ〉との仲介ができるという組織を通じた交渉が行われたとされている。では一体、誰が安田さんを拘束し、〈ヌスラ〉はそれにどう関与していたのか。

二〇一六年一月、私は情報を得るためにトルコに行き、その「仲介人」を自称する男たちと会った。ほかには、シリアの反体制派と接触を続けているという団体〈IHH《イーハーハー》〉（トルコのNGOで、諜報《ちょうほう》機関の役割も兼ねると言われている）の人物とも会い、それぞれに安田さんの解放を要請する〈ヌスラ〉への手紙を渡した。身代金を欲しがる相手にそんな手紙など何の効力もあるわけがなく、何の役にも立てない自分への言い訳じみた行為でしかない。しかも、拘束していたのがそもそもヌスラでなければ輪をかけて的外れなことをしていたわけである。

二〇〇四年のときと同様、今回も安田さんの拘束が報道されてから、ネットではさまざまな声が飛び交った。そのほとんどがデマと中傷である。ネットに残っていた二〇〇四年の誤った「人質報道」が掘り返され、ツイッターとユーチューブを中心に増殖したデマはさらにまとめサイトやバイラルメディア、個人ブログなどに引用された。ネットの世界だけではなくテレビの情報番組までがそのデマを引用し、人気司会者や著名人、タレントやお笑い芸人などが安田さんへのバッシングを煽《あお》った。真実でない話は繰り返し再生産されることにより、あたかも真実であるかのように拡散され、現在もそれが続いている。人間の悪意は止《とど》まることがない。

報道番組もまた、安田さんへのバッシングにさらなる火種を与えてしまう。安田さんがシリア入国前にトルコで滞在したホテルでパスポートのコピーを入手し、その画像を放送で流した。結婚して奥さんの姓を名乗るようになった安田さんの名字の部分が隠されていたため、安田さんは韓国人だというデマが拡散。韓国や在日コリアンを嫌悪するネット住民たちによる新たなバッシングにつながった。そのいわれなき中傷について、メディアが事情を説明して火消しをするようなことはなかった。

さらには安田さんの実家を取材した映像の中に、母親が息子の無事を願って折った星形の折り紙が映っており、それが韓国でよく折られるものに似ているということで中傷に拍車をかけた。まったくの悪循環である。

シリア内戦では、少なくない数の外国人ジャーナリストや人道支援家たちが人質になったが、欧米のメディアはその人質が解放されるまで報道を控えるか、ごく最小限の報道しかしない。しかし、日本は違った。解放直後には、身代金が支払われた可能性の有無について報道を始めた。これも欧米ならまずありえないことであり、そんなことをすればまず読者や視聴者から倫理観を問われ、批判されてしまうだろう。

戦争取材についても不要論が起きた。「政府が行くなと言っている危険な場所になぜ行くのか」という意見は、本書で安田さん自身が述べているように「自己責任」でジャーナリストが仕事をすることも認めないということであり、同時に紛争地に暮らす人間の生命に対する無関心でもある。

「欧米や中東のメディアの報道も見られる時代に、日本のメディアが取材をする必要があるのか」という意見も多く見られたが、欧米や中東の各国と日本では当然、戦争当事国との関係性は異なり、取材すべき視点も違う。また、日本のジャーナリストには「危険なところに行くな」と言いながら、世界のジャーナリストが「危険な場所」を取材した報道はあってもいいという考えはあまりに異様と言える。

国内では、安田さんの解放を政府に訴えたほうがいいのではというシンポジウムが開かれ、私もパネリストとして意見を求められた。政府には邦人を保護する義務と責任があるというのは当然だが、しかし同時に安田さんの件に関しては政府への訴えかけには賛同できないという矛盾することを私は話した。

もし拘束者が〈イスラム国〉であれば、私も政府に訴えかけたかもしれない。〈ヌスラ戦線〉は人質を殺したことはないが、〈イスラム国〉は身代金を払わなければ人質を殺害する。人質が殺されるか否かで主張を変更することにもまた、矛盾があることはわかっている。しかし、二〇一五年に後藤健二《ごとうけんじ》さんと湯川遥菜《ゆかわはるな》さんが〈イスラム国〉に殺害されたことでわかるように、それでも日本政府は身代金を払うことはない。

私はそんなことをしても絶対に政府が方針を変えるわけがなく、ならば安田さんの意思を尊重したいというのもあったが、それよりも日本の社会にこそ政府による安田さんの救出を受け入れない体質があると考えていたからだ。安田さんを助けたくないのは政府ではなく、日本の社会だと。

そんな中で政府に訴えかけたところで非難はさらに高まるばかりで、それは日本にいる家族と、帰国後には安田さん自身が受け止め対応しなければいけない。彼がいない間にそんな状況だけは絶対に作りたくないと思った。

日本社会の不寛容さが表れた場面はほかにもある。帰国後に安田さんがパスポートの発給を申請したところ、外務省により発給を拒否された。二〇一五年にシリア取材を計画していたフリーカメラマンが外務省から返納命令を受けたケースでは、その後再発給されたパスポートはシリアやイラクへの入国が認められない制限付きのものであった。状況が違うとはいえ、安田さんには制限付きのパスポートさえ発給せず事実上の出国禁止にした。

　この件が報道されたとき、ネットでは「当然だ」「まだ懲《こ》りないのか」などという声が噴出した。日本の法律を犯したわけでもないのに権利や自由を制限されることに疑問を感じるよりも、「迷惑をかけたのだから仕方がない」という人々の考えが、政府による懲罰措置を後押ししている。

　私と安田さんの共通の友人であるスペイン人のジャーナリストは、〈イスラム国〉に拘束されたが政府の介入によって解放され、彼を乗せた飛行機が着く空軍基地では副首相が出迎えた。おそらく支払われたであろう身代金については政府もメディアも、国民も触れない。彼はその後、シリアに戻り〈イスラム国〉と対峙《たいじ》する前線を取材したが、スペインに彼を非難する声はない。

　日本の民主主義はあまりにもいびつで未成熟だ。そのシステムにおいて主権は国民にあるはずなのに、意識は今も政府は「お上《かみ》」だ。日本は民主主義国家ではない。なぜならそれを望まない国民が大勢いるからだ。「お上」によって自由を制限されるのは当然のことだと考える人々が。

安田さんへの非難や誹謗《ひぼう》中傷から、「お上には従わなければいけない」と妄信する人がいかに多いかを思い知らされた。すなわち、国民は「自己責任」で行動してはいけないということだ。

本書の中で安田さんはこう話している。

「結局、『自己責任論』は『責任が発生するような行動はするな』ということなので、行動できる内容は、自分で選択可能なものではなくて、政府や世間など本人以外が設定した範囲でしかなくなってしまう。『自己責任』という言葉を使いながら、実際は『自己責任なんか取れないのだから、政府や世間が認めた範囲で行動しろ』と言っているのが『自己責任論』です」

「政府や世間」に対して迷惑をかけたはずだという思い込みゆえの怒りが、安田さんへのバッシングを生んだ。そして、責任を追及しておきながら、その責任は取らせない。「自己責任論」というのはつまり「迷惑論」でしかない。

「迷惑をかけたのだから謝れ」と責め立てる人々。だが安田さんは外務省の職員に対しても、記者会見でも自分がかけた「迷惑」についてきちんと謝っており、会見の映像はネットでも見ることができる。それでも人々は納得することはない。なぜなら彼らは、「おれに謝れ」と言っているからだ。

他者を叩《たた》くことでしか自らの正しさを感じられない人々の正体。叩くことで得られる安堵《あんど》感《かん》は、自分は世間、自分は多数派で正しい側にいるという正義にすりかわり、さらに人々を見境なくさせる。

いまや匿名のＳＮＳで無責任に語られた言葉がまるでひとつの言論であるがごとく、それをもとに新聞は記事を書きテレビは番組を作り、ネット社会と現実社会を循環してゆく。

二〇〇四年、そして二〇一五年の拘束から今に至るまで、皮肉なことに安田さんは自らが非難されることによって、多くの人たちに日本社会の不条理を気づかせてくれた。それにしても、重い宿命を背負わされる人だとつくづく思う。しかし、その不条理の仕組みを論理的に読み解き、客観性を持たせて人々に知らしめる作業はおそらく彼にしかできない。不自由を知った安田さんならきっと誰よりも自由の大切さを、現実味を伴って伝えることができるに違いない。この人はきっと、自身の人生のために生きることより、他者に対して何かを提示してゆく宿命を負う人なのかもしれない。不寛容さを増す社会で我々は何を考え、どう生きれば寛容でいられるのかを知る手がかりを、彼がこれから語ってゆく言葉の中に私たちは見つけることができるはずだ。

目次

第一章　解放までの三年四か月

第二章　紛争地のリアル

第三章　現在につながったできごと

第四章　生業としての紛争地ジャーナリスト

第六章　デマ拡散時代の戦争取材

戦争取材と自己責任

タジキスタン
トルクメニスタン
カスピ海
カブール
テヘラン
アフガニスタン
カンダハル
イラン
パキスタン
ペルシャ湾
カタール
アブダビ
アラブ首長
国連邦
オマーン
0
200km

本書関連の国々と周辺国

＊各章冒頭の前説、本文内の［注］は編集部によるものです。
＊本文内の肩書は当時のものです。
＊〈イスラム国〉〈ヌスラ戦線〉など、組織名は〈　〉で示しました。

第一章　解放までの三年四か月

フリーランスのジャーナリストとして、単身で主に紛争地の取材を続けてきた安田純平は、二〇一五年六月、取材目的でシリアに入国後、武装組織に拘束された。

拘束中にはインターネット上に、安田が解放を呼びかける動画や画像が数回にわたり投稿され、その安否が気遣われた。拘束は三年四か月に及んだが、二〇一八年十月二十三日に解放され、二十五日に日本に帰国。十一月二日には日本記者クラブで帰国会見を行った。無事に帰国したことを祝福し、長い拘束生活をねぎらう声がある一方で、外務省が退避勧告を呼びかけるシリアに入国して拘束された安田の行動に対して、批判の声が集中した。

安田は、同じくフリーランスのジャーナリストとして活動する藤原亮司と二〇〇九年に知り合う。安田が拘束された際、藤原は、安田の安否・消息につながる情報を少しでも得ようと、トルコに足を運んだ。

シリアへの国境を越える

藤原亮司　シリアに入る直前の安田さんから、メッセージをもらっています。着信時刻は、二〇一五年六月二十二日の二十時九分（日本時間）。「今夜シリアに向かうことになりそうです。イドリブ（シリア北西部の地域）あたりで」と。バスに乗っているところだということでした。

安田純平　シリア情勢を聞くためにトルコのレイハンル（トルコ南部、シリアとの国境の町）にシリア人のジャーナリストに会いに行きました。そこでシリア人ガイドのムーサから電話が入り、「アレンジを頼んでいたシリア入りの手はずが整い、その日のうちに入る」という連絡が来たのです。藤原さんとメッセージのやり取りをしたのは、レイハンルからアンタキヤ（同じくトルコ南部の町）に帰るバスの中だと思います。

シリア人ガイドのムーサの話では、「自分は当日仕事があるので行けないが、向こうに迎えが来るから」ということでした。道案内人がカルビヤズという国境の町で待っているので、彼と一緒にシリア側に入って、入った先に自分のいとこが迎えに来ているので、いとこの車でさらに奥に行くように、と手順を説明されました。

その夜、カルビヤズで、道案内人だというマムーンと待ち合わせました。マムーンには、すでにムーサから話が伝わっているようでした。

［注］シリアでは、政府側と反政府側に支配地域が分かれている。ビザを取得し国境の検問所を通過するのが本来の入国方法で、北部アレッポに近い出入国管理所は反政府側が支配しているため、シリアビザがなくてもトルコを正式に出国してシリア側に入ることができるが、シリア政府からすればこれも違法入国にあたる。その他の反政府側地域に入るには、出入国管理所のない場所から密入国することになる。それには、フィクサー、コーディネーターなどと呼ばれる現地の協力者の存在が不可欠である。

藤原　そこはちょっと疑問でした。仲介役のムーサが行けないとなった時点で、この話はいったん保留にするという選択肢もあったんじゃないかと。

〔注〕ムーサは二〇一三年、二〇一四年にシリアで〈イスラム国〉によって拘束され二〇一五年一月に殺害されたジャーナリスト後藤健二《ごとうけんじ》のガイドをしていた。後藤がかつて訪れた村を見に行くことも、安田のシリア入りの目的の一つだったため、ムーサのコーディネートによるシリア入りを画策していた。

安田　シリア側の受け入れ態勢ができていることは何日も前から聞いていて、国境越えのための道案内人の手配が整うのを待っていた段階だったので、「今晩、今から」というのもおかしいとは思いませんでした。

反政府側地域に入る場合は反政府側の人に同行する必要があり、彼らも情勢を見ながら入るタイミングを計っているので、突然、「今から」ということも珍しくありません。決まったときにすぐ入らなければならない、ということはよくあることです。その時点では「入れそうなら入ろう」と考えていたので、今から入る、という話にも違和感はありませんでした。

でもあとから考えれば、そのときもし一日待っていたら、もっといろいろな方法を検討できていたかもしれません。ムーサのほかにもシリア人の友人がいるので、ムーサのアレ

トルコとシリアの国境付近

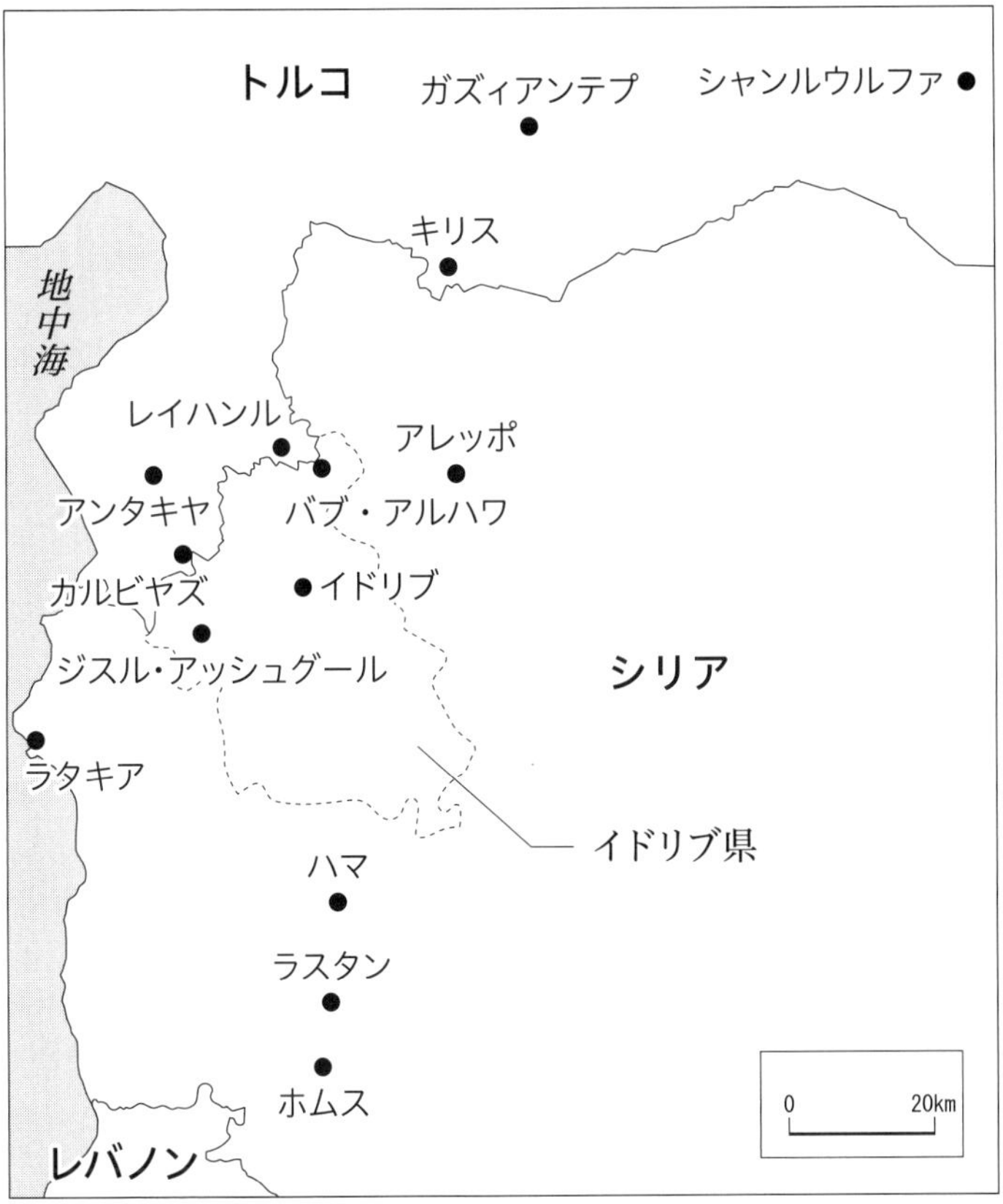

ンジで入るとしてもその友人と一緒に行くという選択肢もあったし、マムーンについていくにしても同行者をつけるという手もあった。

ただ、同行者をつけることで話が白紙になってしまう可能性もある。慎重にすればいくらでも慎重にできますが、そうすると相手の警戒が強くなってせっかくのお膳立てがポシャってしまう。一般の人が聞いたら、そんな適当なやり方なのかと驚くかもしれませんが、ある程度適当にやらないと入れないのが実情です。

藤原　紛争地帯に入るときは周到な準備と慎重さが必要ですが、とはいえどこかで思い切らないと機会を逃すことになる。次にやってくる機会が、前回逃したものよりも安全で確実だとは限らないですし。このときは賭《か》けてもいい機会だと考えたわけですね。

安田　確かに、「いとこが待っている」という話にせよ、本当のいとこかどうかもわからないですし、ムーサは翌日の仕事を理由に「自分は行けない」と言いましたが、国境まで一緒に行っていいとこに会ったところでムーサを帰す手もあった。でもムーサが紹介する人物とトルコ側で落ち合う段取りだったから、その人物がだますつもりなら、仮にムーサと一緒に行ってもだまされていたと考えざるをえません。

ただ、のちに解放されてから、ムーサにマムーンの写真を見せてもらいましたが、そこに写っていたのは、私が見たマムーンとはまったくの別人だった。私が会ったのは年輩の男で、二十歳前後の少し英語を話す息子と一緒でしたが、ムーサによれば、マムーンは五歳くらいの子どもがいる二十代の男だということでした。

マムーンを指定してきたのはシリアの受け入れ側の組織で、ムーサもそれまで会ったことのない人物でした。組織が案内人を守るため、私が拘束された後に別人をマムーンということにしてムーサに示した可能性もあります。

名前もフセインと聞いていたように記憶していますが、このあたりのことは、今もはっきりしない。私がシリア入りする前にその人物と会った、カルビヤズの民家に行くなどして、自分で調べてみなければわからないことかと思います。

藤原　紛争地の取材で最も気を使うのが、現地に入るときと入ってから目的地へ向かう移動の道中です。そこが一番無防備になる。

安田　そうですね。初日か二日目に捕まる事例が多いですね。

藤原　戦闘が行われているエリアでは兵隊がいるので、むしろそれなりの秩序が保たれていますが、国境の、状況が判断しにくい場所で、安田さんはマムーンといわれる男と一時的に別々になったときに状況が変わり、何か逢魔《おうま》が時に魅入られるかのように動いてしまったと。

安田　国境にいとこが迎えに来ているかどうか、マムーンが一人で見に行っている間に違う方向から別の二人組が道案内人一人と家族連れと一緒にシリア側からやってきた。その二人組が私と同じように誰かを待っていた様子のシリア人らしき男に声をかけたあと、こちらにも話しかけてきました。それで、「ではシリアに行こうか」と言われた。ちょっとおかしいと思いつつも、話がついているように思われたので、そのままシリア側に入ってしまいました。

当時はトルコのシリア国境での警備が厳しく、国境を越えようとしたシリア人が銃撃されることがたびたびありましたので、まったく知らない人物に密入国の方法を見せないだろう、私のことを聞いていたから話しかけてきたのだろうと考えました。

はっきり言って、あとから考えると、なぜあのような判断をしたのか自分でもわかりません。「まさに、悪魔に魅入られたかのようだ」と、当時の日記に書いています。私が誰か他の人と一緒だったら、行かなかったかもしれません。

［注］安田は拘束されてからも、見聞きしたことを可能な限り詳細に記録している。その「日記」は、取材のためにシリアへ向けて出国してからノートが終わる二〇一七年十月二十七日まで書き続けた。

藤原　単身での行動だと、自分の判断が十分なものなのかを見極めるのは難しい場合もありますね。

安田　たとえば二人組で行動する場合、明確なルールが二人の間にあればいいんですが、さもないと、一人は「もう嫌だ」、もう一人は「いや、行くんだ」と意見が割れてもめたりする。あるいは仕方なくついていって、ケガをしたら「お前のせいだ」ということになったり、そういうトラブルが起こりかねません。仲間がいることで強気になってしまい、誤った判断をしてしまうこともあるでしょう。

あと、「嫌な予感がするから、先へ進むのはやめよう」とか、「よくわからないけど危険な感じがする」などというときもあると思います。他人と一緒だと、そんな根拠のない意思決定は言い出しにくいでしょう。

もちろん複数人で行動するメリットもあります。仲間内で決まりごとを作っておけば、想定外のことが起きたときに冷静な行動ができるかもしれない。今回の拘束のときにも、一人だったので、相手の反応一つ一つに対して、「これは殺すつもりだからだろう」などと悪いほうへ悪いほうへとずっと考え続けてしまいました。

藤原　私は一人で取材するときもチームのときもありますが、複数で紛争地に入る場合は最終的にリーダーの判断で進退を決めることになります。安田さんが言うように、「嫌な予感」というのは漠然とはしているけれど重要な判断材料なので、それをチーム内で理由なく退《しりぞ》けないという決まりごとは絶対に必要です。いったんそこで立ち止まって情報を見極める。そのチームに、現地に詳しい現地人コーディネーターがいれば、新たな情報集めや安全の確認もやりやすくなります。

とはいえ、現地人コーディネーターが同行していても、トラブルに巻き込まれるときは巻き込まれてしまう。安田さんと同時期の二〇一五年七月、シリア人コーディネーターの案内でアレッポに向かったスペイン人のグループが拘束されています。

安田　スペイン人は三人組でしたが、一人だけ離されて別の場所に拘束されていました。その一人は精神的にかなり追い詰められたようでした。

拘束の仕方もいろいろで、〈イスラム国〉の場合は、一人で行動していて捕まった人も含め、さまざまな国の人たちを、同じ場所に集めていたと聞きました。彼らはお互いにゲームを考えて気を紛らわしたり、話をして励まし合ったりしていたようです。

スパイ容疑で拘束される

藤原　安田さんが記者会見で語ったところによれば、「ではシリアに行こうか」と声をかけてきた二人組と一緒に一時間くらい歩いて国境を越えた。そこでトラックにピックアップされて、後部座席に乗って移動したわけですね。「これはおかしい」と気づいたのはいつですか。

安田　歩いているあいだから「何か違う」と考えていましたが、引き返すことができませんでした。

最初は拘束されていなかったんですよ。三十分くらい走ったあとにトラックから降ろされて、パン工場の事務所に入れられました。この時点では荷物は取られていませんでした。ですから今思えばですけど、たとえばトイレでこっそりスマホのグーグルマップを開いて自分がいる場所を特定して、キャプチャー画像を誰かに送って、履歴を削除するとか、それくらいのことが可能だったかもしれません。もっとも、画像や履歴を削除し忘れたら、あとでスマホの中身を見られて処刑されてしまいますが。

それからトイレには、中から入るドアのほかに外に出るドアがあったので、そこから脱走することも不可能ではなかったと思います。

ここにいたのは未明に到着して朝までです。朝には別の人間が現れて、荷物はすべて奪われ、車に乗せられました。着いたのは民家の離れで、監禁・尋問が始まりました。

［注］安田への尋問は当初、「スパイ容疑」が理由だった。二日間の尋問を経てスパイ容疑は晴れたが監禁は続き、解放までに三年四か月を要した。その間、民家や地下牢、武装組織の収容施設などへ移動させられ、計九か所で監禁された。監禁中の様子については『シ

リア拘束 安田純平の40か月』（扶桑社）に詳しい。

藤原　「おかしい」と気づいても、どういう状況に置かれているかがわからない状態で、リスクの大きい行動はとれないですよね。

安田　脱走するっていうのはおそらく、脱走しないとどうにもならない状態まで追い詰められたときの選択肢でしょう。

〈イスラム国〉に捕まっていたヨーロッパ人は、脱走をしませんでした。生存証明を何度も取られていましたから。たとえばスペイン人にはそのやりとりが一か月に一回以上あったそうです。ということは、解放のための交渉が続いているのだから、無理に脱走するよりは待っていたほうがよいと判断したんでしょう。一方アメリカ人には生存証明のための連絡が来なかったため、脱走を試みています。

［注］「生存証明」とは、人質解放交渉において必須の、本人であることを見極めるための手続き。本人しか知らないような内容の質問を拘束側へ送って、正しい答えが返ってくれば、まちがいなく拘束されているのが本人であり、かつ生きているという証明になる。

藤原　アメリカ政府は身代金を払わない方針でしたからね。

安田　アメリカは、家族であっても交渉したら起訴するというほど徹底していましたが、〈イスラム国〉に人質が殺されたことで、家族が交渉することは認めるようになりました。身代金の支払いはその後も認めていません。政府による身代金の支払いは、どこの国も公には認めていないことですが。

〈イスラム国〉に捕まったデンマーク人の人質は、脅迫メールを受けた家族がデンマーク政府に相談しましたが、政府は一切の関与を拒否したので、家族が専門家に頼んで対応しました。そのデンマーク人は、他国の人質が生存証明のための質問を何度か聞かれたのちに帰っていくのを見ていたので、自分の状況が、「カネを払う」のか、「払うつもりだが時間がかかる」のか、「カネは払えない」のか、三つのうちのどれなのかわかるよう、「こういう状況ならこういう質問を送ってくれ」という伝言を、先に帰るフランス人に託したそうです。やがて「カネを払う」ことを意味した質問が手元に届いたので、じゃあ待とうという判断ができたようです。

〈イスラム国〉に捕まったら、カネを払わなければまず殺されますが、救出されるのならば無理をする必要はないので、状況を確認してからでないと行動に出ることはなかなかできないでしょう。〈イスラム国〉はすさまじい拷問《ごうもん》をします。人質は肉体的、精神的に相当追い詰められます。生存証明のための質問を頻繁に拘束者へ送るのは、「助けるから頑張れ」「無理をするな」と人質を励ますためでもあるわけです。

そのとき、日本では

藤原　そのころ、日本ではどのような動きがあったかというと、まず安田さんが拘束されているかもしれないと私が知ったのは、ある週刊誌の記者からの問い合わせでした。取材ではなく個人的に教えてくれるかたちで、「警察が、安田純平がどこにいるか知らないかと聞いてきたが、何か知っているか」と尋ねられたのです。「確認してみる」と答え、すぐに安田さんにメッセージを送りましたが、返信はなかった。二〇一五年七月四日のことです。でもシリアは内戦の影響で通信状態が悪く、連絡が取れないことはよくあります。それで新聞社、出版社、通信社などの知り合いに聞き回ったところ、警察などから安田さんの取材先について問い合わせがあったと話していました。

安田　帰国してからわかったのですが、私がシリアに入った（二〇一五年六月二十二日深夜）あと、六月二十五日に外務省から「シリアに入らないように」というメールが来ていました。つまり、彼らは私がシリアに入ってから「シリアに入るかもしれない」と知ったということです。

その段階で、なぜ外務省や警察が情報をつかんだのか定かではないですが、すでにシリアに入ってから「入らないように」とメールしてきたのは、ツイッターやフェイスブックの私の投稿を見て、可能性を考えただけかもしれません。

藤原　我々は渡航先だけでなく、海外に行くことも必要最小限の友人や仕事関係者にしか言わないのが普通ですね。

次に動きがあったのは、七月九日に菅《すが》（義偉《よしひで》）官房長官が定例記者会見の中で、ある記者から「安田純平さんと連絡が取れないという話があるんですが、確認できていますか」と質問される場面がありました。

菅官房長官は「そういう情報には接していない」と否定しましたが、知り合いの記者らに問い合わせたら、実はその日の朝のぶら下がり取材（公式の会見ではない場所で、取材対象者の移動中など短い時間をねらって記者らが取り囲んで行う取材）で、菅官房長官が自ら記者らに対し、安田さんと連絡が取れなくなっているようだ、ということを漏らしたということでした。「質問するように」と暗ににおわせたわけです。

その翌日には、同様に記者から質問を受けた岸田《きしだ》（文雄《ふみお》）外相も、拘束の情報を得ていることを否定しています。政府はこの時点では、拘束情報の有無について公表はしていなかった。

私は独自に、二〇一二年のシリア取材で知り合った現地の人物に問い合わせたり、二十年以上シリアのアレッポで暮らしていて現地に広く伝手《つて》がある友人に頼んで調べてもらったりしました。その結果、安田さんが拘束されているのは間違いないということがわかりました。

「交渉人」の暴走

安田　二〇一五年八月の段階で、日本政府は私の家族に対し、生存証明のための質問を聞いてきたそうです。でも私がその質問をされたのは、トルコへ解放された日（二〇一八年十月二十三日）の翌日です。目の前に現れた日本大使館員から聞かれたのが最初で最後です。

外務省は、過去にシリアでの人質の解放に成功した国々から情報をもらっており、解放にあたって生存証明が必要であることは知っていた。だから担当者は用意したわけですが、政府の判断として交渉はしない、身代金を払わないということを決定したので使わなかったのだと思います。使うと交渉が始まりますから。用意しながらわざわざ使わなかった理由はほかに考えられない。

交渉が始まる段階で証明を取って、相手が本当に拘束者かどうか確認し、交渉がまとまって取り引きする前にも証明を取って人質が生きているかどうか確認する。最低、この二回が必要です。それを解放後に、目の前にいて質問して確認しているのですから、交渉して対価を渡したのならその前に確認のための質問をしていなければおかしい。

カタールなどが仲介した他の国の人質の事例でも生存証明を取っています。日本政府も間違いなくそれを知っているわけで、拘束者と交渉に至るような接触はなかったとしか考えられません。

藤原　実行犯グループからは公には何の連絡も要求もなく、拘束の目的がわからないこともあり、そのころはメディアで大きく取り上げられることはありませんでしたが、独自に情報収集や交渉を試みようと動き出す人は少なくありませんでした。

その中の一人、危機管理の専門家を自称する東京在住のスウェーデン人ニルス・ビルトは、後藤健二さんが捕まった際に、自分は専門家だから役に立てると言って、あちこちに売り込んでいた人物です。

彼は今回も、自分が交渉人になると言って安田さんの奥さんにコンタクトを取ってきたり、新聞社などに自分を売り込んだりしていました。ところが相手にされなくなったため、〈国境なき記者団〉（言論の自由・報道の自由を目的に創設された、ジャーナリストらによる国際的な非政府組織）に所属する知人に連絡し、「シリアで安田というジャーナリストが捕まっている。日本政府が解放交渉を始めないと殺されるか転売されるだろう」という趣旨のプレスリリースを、〈国境なき記者団〉名義で流させました。これを機に、日本国内での報道は事実上の解禁となり、安田さん拘束のニュースは大々的に報道されるようになりました。

さらにニルス・ビルトは、のちに私も会うことになるトルコのシャンルウルファという町にいるアブワエルというシリア人とそのグループ〈ヌール協会〉に接触し、独自に交渉を始めたわけです。彼らは在トルコのシリア人による人道支援団体を名乗っており、イタリア人の人道活動家がシリアで誘拐《ゆうかい》されたとき、イタリア政府との仲介役をして解放に関《かか》わったとされています。その〈ヌール協会〉にビルトは、「自分は日本政府の代理人、家族の代理人」と勝手に称して接触した。それによって実行犯グループは、日本政府が交渉に乗ってきたと勘違いしたのだと思います。

安田　おそらく、そういうことでしょうね。〈国境なき記者団〉のアジア担当の人は他のメディア同様、公表を控えていたのですが、ビルトからの電話を受けたのがまったく事情を知らない別の人で、言われるままに書いてしまったそうです。

藤原　私を含め安田さんと親交のあるジャーナリストらが、すぐに〈国境なき記者団〉にかけあい、数日後に声明は撤回されました。しかし、ニルス・ビルトの暴走はこれだけではなく、「安田さんが殺された」と、安田さんの奥さんにメールを送ったり、ツイッターでも「Friends of Jumpei」というアカウント名で、安田さんが殺されたというデマを流しました。

安田　ビルトから私の家族あてにそのメールが来たのは二〇一五年十一月、〈国境なき記者団〉の声明は二〇一五年の年末でした。ツイッターの「殺された」という書き込みは声明のあとでしたが、もう消されてしまっていて、いつだったのか正確にはわからなくなってしまいました。

家族は当初はパニックになりましたが、複数のジャーナリストや外務省に問い合わせると、それを裏づける情報はなかったので落ち着いたそうです。

［注］安田は自身が拘束されていたあいだのできごとについて、解放されたのちに周囲に聞き取り調査を行っている。

藤原　私もそんなのはデマだと、最初から思っていました。安田さんを拘束している実行犯グループと直接接触できるくらいの立場にいる人物でなければ、殺されたということがわかるはずがないですから。すぐに現地のシリア人に調べてもらったら、そんな話は出ていないということでした。

ほかにも、自分は交渉人になれるとアピールするグルジア人とかシリア人など、勝手に交渉役を名乗り出る人物が何人かいました。

日本政府が動いた形跡なし

安田　それもこれも、日本政府がカネを払うという話が出回ってしまったからなんですよね。後藤さん、湯川《ゆかわ》（遥菜《はるな》）さんは、カネを払えば確実に救出できたのにそうしなかった。それは日本政府がカネを払わない方針だからなんですが、日本政府が適切な方法がわからなくて救《たす》けられなかったと思われてしまった。日本政府は身代金の支払いを断固拒否し、交渉そのものをしなかったのですが、「相手を特定できなかったから」などとごまかしたために誤解を生んでいるのだと思います。

〔注〕後藤がシリアに向かったのは、二〇一四年、先に一人でシリア入りして〈イスラム国〉に拘束されていた知人の湯川（ミリタリーショップ経営者）を助けようとしていたためだったと報じられているが事実は不明。結果として後藤も〈イスラム国〉に拘束され、二〇一五年一月に二人とも殺害された。

二〇〇四年にイラクで日本人三人が拘束されて自衛隊撤退を要求された人質事件では、解放後に政府関係者が「費用は二十億円くらいかかったのではないか」などと根拠を示さずに記者団に話し、メディアはそのまま報道しました。政府関係者やメディアが三人や家族への誹謗《ひぼう》中傷を繰り返し、内閣関係者がメディアに対して自作自演の疑いを示唆《しさ》する発言もしていたそうです。

人質になった人の実家に集まった記者たちが無断で家の中に入り込んでパソコンを勝手に起動するなど、解放前からほとんど犯罪者以下の扱いと言っていい、すさまじいバッシングが起きていました。

解放の経緯を見ても、政府が救出に動いた形跡はありません。解放先になった〈イスラム法学者委員会〉にも日本政府は接触しませんでした。米国から「テロリスト支援団体」として指定されていた組織に、三人の自作自演まで疑っている日本政府が仲介を持ちかけるなどありえません。しかし、政府関係者やメディアは、三人や家族、彼らの支援者たちを叩《たた》くために、「日本はカネを払う国だ」と公言していたわけです。

「日本はカネを払う」と思っているからこそ日本人を人質にするし、外国のメディアもそう思っている。それはほかでもない日本社会、日本の人々が、「日本政府はカネを払う」と宣伝してきたからです。そのくせ、後藤さん、湯川さんが殺害されたときは、「テロに屈しないために払わないのは当然だ」という話になっていました。そして今回、私が帰国すると、また「払った」という話になりました。日本政府が実際にどう対応したか、という事実は彼らにはどうでもよいのです。

政権を支持し、個人を叩くためなら言うことを真逆にでも変えてバッシングの材料とし、日本社会そのものをおとしめている。彼らにとってはそれが国を愛する行為なのだそうですが、日本人全体を危険にさらす自滅的行為としか言いようがありません。

藤原　ある在日シリア人も、自分は解放交渉できる人物を知っていると言って安田さんの奥さんに接触してきました。当初は、現地へ飛んで調べてくる、カネは要らないと言っていたにもかかわらず、途中から自己資金では無理だからカネを出してほしいと要求してきた。

安田　その在日シリア人は、「拘束者が衛星携帯電話を四台要求しているからカネをよこせ」と言い出し、うちの家族は払えないと拒否しましたが、私の知人らからカネを集めたらしいです。実際に買ったのかもわからないし、買ったなら領収書を持ってくるよう伝えても、持ってくることはなかったと。

さらに彼は、「トヨタのランドクルーザーが四台ほしいと言っている。四台分のカネを出してほしい」と要求してきて、当然うちの家族は拒否するわけですが、「ならば家を売ってカネを作れ」と言い出したそうです。受け渡しが面倒だし中に何が仕込まれるかわからないのに車のようなモノを要求するわけがないし、聞いたこともない。現金をもらえばすむ話ですから。

一方で、政府が動くことはやはりなかったはずです。年明けの二〇一六年一月一日に、藤原さんの話にも出てきたアブワエル（在トルコのシリア人）の代理人を名乗る男から家族あてにメールが届いていますが、何かを要求するメールではなく、「日本大使館に連絡しているがまったく相手にされない、どうなっているのか」という内容です。〈イスラム国〉とか、〈アルカイダ〉系の〈ヌスラ戦線〉（のちのＨＴＳ）に捕まった人たちの場合、家族あてに身代金の要求が来ています。うちの家族には身代金要求の連絡が来ることは最後までありませんでした。外務省は拘束中から一貫して、このアブワエルとの接触を否定しています。アブワエルを通すと身代金の話にしかならないからですよ。

藤原　当時は憶測で好き勝手な発言が飛び交い、「安田は過去にも何度も人質になっている『プロ人質』だ」みたいなことが、まことしやかに言われていました。今も言われているけれど、何年の何月にどこで捕まり、その次はどこで、なんてリスト化されたりして。どれもこれも、ある人物が過去にふざけてネット上に書いた事実無根の話なのですが、それがあたかも本当であるかのように拡散された。そして、「また捕まったのか」となった。その根も葉もない話を、テレビのコメンテーターまでが事実を確認もせずに話す。

安田　自作自演の身代金詐欺だ、と言う人もいました。私がシリアに向かった約五か月前に、日本政府が身代金を払わなかったために後藤さんと湯川さんが殺害されていて、日本政府が人質事件にカネを払わないことは明らかなのに、身代金を取れると考えるわけがないのですが。戦争保険は一日あたり何万円もの掛け金がかかるので入っていませんが、もし保険金が出るのなら三年四か月も帰ってこないでいる必要性がないし、動画などを公開して騒ぎにする意味もない。

二〇〇四年にイラクで拘束された（第三章で詳述）のはスパイ容疑で、何の要求も出ておらず、人質ではありません。その前に日本人三人が人質になっていたので、具体的な根拠は何もないのにメディアが思い込んで書いただけのいわゆる飛ばし記事です。現場付近で関係者のインタビューをしましたが、やはり、「スパイ容疑で捕まえたが、違ったので帰した」との証言が取れています。

軍や警察に拘束されたことは何回かありますが、すべてせいぜい二～三時間で解放されています。海外ではそんなのは日常茶飯事《さはんじ》だし、むしろ不当拘束と言われかねないので、彼らもいちいち日本政府に連絡など絶対に入れません。日本政府に連絡が入っていたら私が政府から絶対に何か言われていますが、それもまったくありません。

つまり、紛争地に足を踏み入れたことのあるジャーナリストや記者にとって、現地で武装組織や軍、警察に拘束されるのは日常茶飯事にもかかわらず、それをワイドショーなんかでは、「あの人は何回も捕まっているんですよ」と大ごとのように話すわけです。

受け入れ態勢が整って入れたとしても、相手の気分が変わって拘束されることもありうる。紛争地で絶対に拘束されない方法は一つだけです。現場に入らないことです。絶対に拘束されない方法があるなら、資金力のある大手メディアが入っていますよ。大事なのは、そういうリスクがあってもやるべきだという必要性の認識が社会の中にあるかどうかです。

藤原　私も軍や警察に身分照会のため、数時間から半日ほど拘束されたことが何度かあります。そのほとんどは、ただ彼らの作業が終わるまで「待たされている」だけで、拘束などという大げさな状況ではない。ワイドショーの司会者やコメンテーターがいかに外国の事情を知らないでものを言っているか、ということですね。

安田　前述のように、日本政府は私の家族から生存証明用の質問を聞き出しているし、他国の解放交渉に関わったと思われる人物が交渉を持ちかけてきたことも知っています。でもその人たちと連絡を取ることはなかった。彼らとやり取りを始めたらカネを払うことになるからです。

外務省は、「身代金は絶対に払わないので違う方法を探っている」と解放前に家族に何度も説明しているけれども、相手からの接触を無視すればいつ殺害されてもおかしくないことは、後藤さん、湯川さんの件でわかっているわけで、それでも無視したのだから、殺害されてもやむをえない、という決定をしていたとしか考えられません。

上からの指示だとはいえ、自分たちが相手を無視しているわけですから、いつ殺害映像などが出てきてもおかしくない状況の中で、担当者たちはつねに緊張した状態にあったと思います。だからこそ、家族のケアはしっかりしようということだったのでしょう。私の家族はその点で非常に感謝しているし、私もトルコで日本大使館員から身元確認されたあとの第一声で謝意を述べました。

身代金を払うのならば、シリアの人質事件の解放は簡単なのです。相手から接触してくるのだし、解放に成功した国々があるのだから、必要な手続きも、誰を間に立てればよいかもわかっている。しかし、それをやらないということだから、担当者たちはほとんど手立てがなくて苦労したわけです。「カネを払った」などと言うのは、彼らに対する侮辱だと思いますよ。

情報を求めてトルコへ

藤原　あることないこと情報が錯綜《さくそう》しているので、少しでも現実的な情報に自分で当たってみようと思い、私はトルコに向かいました。

安田さんの家族や日本政府の代理でもない自分が出ていったところで、解放交渉はできない。お願いするくらいしかできない。でも、今どこにいるのかとか、健康状態はどうなのかとか、もしかしたら聞くことができるかもしれない。よくてもその程度の情報が得られるだけだとは思っていましたが、同時に、こうして安田さんのことを探しているやつがいるぞ、というメッセージが本人に届いてくれれば少しの励みにでもなるのではないか、という期待もありました。

安田　トルコのどこの町へ？

藤原　まずはアンタキヤへ。その当時もこの町を拠点にシリアとトルコを行き来するシリア人も多くいたし、アンタキヤに行けば何か情報が得られるだろうと。前述の在日シリア人の男も、安田さん解放の仲介役ができるというアンタキヤのフィクサーを使っていたので、その男に会ってどんな人物なのかを見極める必要もありましたから。

そこでその人物アハマド・カーシムという男に接触しましたが、信憑《しんぴょう》性のある情報はまったく得られなかった。非常に狡猾《こうかつ》な話し方をする、とても信用できるような人物ではなかったです。安田さん拘束について彼が直接何かを知っているわけではなく、誰かの伝手《つ》のそのまた伝手《て》をたどって、実行犯グループに接触できるという程度の話でした。

ほかにも三人ほど、「仲介役ができる」という男たちに会いましたが、カーシムを含めてすべてがいわゆる「事件屋」でした。トラブルに介入し、真実かどうかわからない話を小出しにして金儲《かねもう》けを企《たくら》むたぐいの人間たちです。有効なルートを持っていそうな人物はいませんでした。

そのうち浮かび上がったのが、冒頭でも触れたシャンルウルファ（トルコの都市）のアブワエルの一味でした。彼らと会って聞かされたのですが、〈ヌスラ〉に捕まってイタリア政府の介入で解放されたとされているイタリア人の人道活動家や、安田さんと同時期に捕まったスペイン人のジャーナリスト三人の解放交渉にも、仲介役として関わっているとのことでした。

安田　どんな反応でした？

藤原　町のショッピングモールの中にあるカフェで待ち合わせたんですが、相手は人相の悪い男二人でした。一九七〇年代のイタリアのマフィアみたいな格好の彼らが、私を見て「安田のことで日本人が初めて来たな」と言うわけです。「安田は本当にかわいそうなやつだ。こっちから日本の大使館などにさんざん連絡しているが、どこからも音沙汰《おとさた》がないぞ」と。

安田　それはいつごろ？

藤原　二〇一六年一月三十日。彼らに「お前は何者か」と聞かれ、「友人です。ジャーナリストだけど今回は取材に来たわけではない」と答えました。「では家族か日本政府に頼まれてきたのか」「いや違います」「では何しに来た」「解放のお願いです。そして安田が今どういう状況にあるのか教えてほしい」というやり取りをしました。彼らは、初めてやってきたのが日本政府の人間や専門の交渉人でもないただの友人だったということで、驚き落胆していました。

彼らは、自分たちが実行犯グループとの解放交渉の仲介人であることを証明するために、イタリア人の人道支援家が解放されたときの写真を私に見せてきました。

安田　その写真のイタリア人は、どんな状態でしたか。目隠しされたりしていた？

藤原　何枚か見せられた画像にはアブワエル自身も一緒に写っているものもあり、イタリア人の人質二人はヒジャブ（イスラム教徒の女性が頭髪を隠す布）のようなもので髪は覆っていたけど、目隠しなどはしていなかった。カネが横に積んである写真もあった。カネのやり取りを現金でするのかなという疑問もありましたが。

続いて、安田さんが書いたという手書きのメモを見せられました。正確にはメモを撮影したスマホの画像です。すでに安田さんのメモだとして、前述のスウェーデン人がネットに投稿したものが一つあったんですが、見せられたのはそれとは別のものでした。そこには確かに安田さん本人にしか知りえない情報が書かれていて、「これを持っていること が、俺たちが実行犯グループと接点があることの証明だ」という主張でした。

安田 何か具体的な情報は提示された？

藤原 「着るものや食事はちゃんと与えられているのか」「薬やサプリメントなどを渡したい」などとこちらが言っても、「安田は健康状態もいいし、支障のない扱いをしているから必要ない」としか言わない。

見せられたメモの画像の写真を撮らせてくれと頼みましたが、「撮りたければ三万ドル払え」とか、カネの話になる。同様に、「彼に日本語の本や手紙を渡すことは可能か」とか、「ほかのメッセージを持ってきてくれ」とか、「安田さんがいま無事である証拠になる写真を撮ってきてくれ」とこちらが言えば全部カネの話になり、そこで交渉が始まってしまうので、それ以上何もできませんでした。正式に家族や政府に依頼された交渉人・代理人以外は、交渉につながるようなことはしてはいけませんから。

結局、信憑性のある情報は何一つ得られていないのですが、それでも、ときどきシリアに入国して拘束している組織と接触できているというアブワエルにコンタクトを取り続ければ、タイムリーな情報ではないにせよ、安田さんが少し前までどこにいたとか、健康状態とかの情報が得られそうだと感じました。私は交渉する立場ではないので、それ以上のことができるとは考えてなかったから、やれることはその程度だと思っていました。

安田　そのときの会話は英語だったんですか。

藤原　在トルコのシリア人通訳を介して話しました。アブワエルは英語が話せないし、もう一人もあまり上手ではなかったですね。ほかには、英語が話せる〈ヌール協会〉の別の男とも電話で話しました。アブワエルらは日本政府がなぜ他国の政府と違って交渉に乗ってこないのかが理解できないらしく、そのせいでかみ合わない会話になることもあり、とてもまどろっこしかった。彼らが言うには、アブワエルが安田さんの仲介を担当し、もう一人がスペイン人三人の人質を担当しているとのことでした。

安田　スペイン人は十か月で解放されているんですよね。

藤原　三人が拘束されているとわかると、スペイン政府はただちに中東の専門家や危機管理の専門家、中東に詳しいジャーナリストらを集めて、官民で人質解放のための委員会組織を立ち上げています。イスタンブールに人を派遣しそこに常駐させて、情報集めや交渉の準備を始めたとのことでした。そのイスタンブール駐在の人物とは私も連絡を取り合い、〈ヌール協会〉についての情報交換もしました。

安田　日本とはまったく方針が違いますね。日本の外務省は「身代金は払わない」と私の妻に断言していて、「アブワエルとは一切接触していない」と、私が解放される前から妻に言っていました。アブワエルを通すと身代金の話になるので、使わないということにしたのでしょう。

実行犯グループは誰だったのか

藤原　私がトルコから帰国して約一か月半後、安田さんの姿が撮影された動画が初めてネットに投稿されました。

安田　二〇一六年三月ですね。タリクというシリア人ジャーナリストのフェイスブックにアップされたらしいですね。

藤原　確か、最初は何か別の動画投稿サイトにアップされ、その後フェイスブックに上げたのだと思います。タリクは市民ジャーナリストを自称していますが〈ヌール協会〉の関係者、または協力者で、安田さんの件に関しては英語ができないアブワエルに代わって彼が映像や画像をネットに上げたり、メディア対応のようなことをしていた。

　安田さんを拘束している組織は〈ヌスラ戦線〉とされていて、私はその情報を最初は疑っていました。当初、シリア人の情報提供者たちや、ＩＨＨ《イーハーハー》（トルコのＮＧＯで、諜報《ちょうほう》機関の役割も兼ねると言われている）の知人などから入ってきていた情報では、現地には売血業者や人身売買組織、密輸組織などが暗躍するようになっていて、そのたぐいの犯罪組織ではないかと。でも、二〜三か月もたつと、シリア人からも「捕まえているのは〈ヌスラ〉」という話しか出てこなくなった。

トルコでアブワエルと会った前後、複数の別々の筋から彼のバックグラウンドを調べてもらいました。彼は、今は〈ヌスラ〉のメンバーではないが、元〈ヌスラ〉だという話でした。その彼が、〈ヌスラ〉が捕まえたと言われているイタリア人などの解放を仲介し、スペインとの交渉に関わっている。〈ヌスラ〉とアブワエルの関係は、暴力団と企業舎弟のようなものに思えました。それならやはり、安田さんを捕まえているのは〈ヌスラ〉の可能性が高い。私もそう考えるようになりました。

最初に安田さんを捕まえたのは〈ヌスラ〉系のローカル武装組織で、勝手に人質ビジネスを始めようとしたので怒りを買い、〈ヌスラ〉本隊とそこに義勇兵として参加しているウイグル人部隊がそのローカル・ヌスラを襲撃し、安田さんの身柄を本隊に移した、という話もあった。

ほかにも安田さんは時折、拘束場所を移されており、一時は〈ムハージルーン〉（「移住者」の意味。シリア内戦では外国人義勇兵の俗称）の管理下にいたとか、これも似たような話だけど、二〇一七年十月ごろは、〈ヌスラ〉傘下に入った武装組織〈ジュンド・アルアクサ〉のもとに身柄が移っている、という話もあった。

安田さんが拘束されている施設で警備をやっている〈ジュンド・アルアクサ〉のメンバーの友人、という男がシリアからトルコに出てきて私のトルコでの通訳と接触し、アラビア語が堪能で現地情勢にも詳しい友人に通訳をしてもらってスカイプで話したら、けっこう具体的な話をした。この組織はメンバーに外国人義勇兵が多いとされているので、〈ムハージルーン〉説が膨らんだ。

さらには、安田さんはイドリブ県北部のジスル・アッシュグールという町で、〈ジュンド・アルアクサ〉が改編されてできた、これも外国人義勇兵の多い部隊〈フッラースディーン〉に拘束されている、という話になった。

でも、帰国した安田さんの体験と突き合せると、どれもこれも正しくなかった。私がやり取りした〈ＩＨＨ〉の担当者は、自分たちが〈ヌスラ〉などに接触して情報を求めるとしたら、日本政府の要請がなければ動きようがない、ということでした。「拘束している」と主張する側に接触するには、何かひとつ情報を取るにしてもカネなり利益なりの交渉になる。なので、やはり日本政府が関与しないと何もできないということです。

つまり、日本政府は身代金を払うどころか、交渉や精度の高い情報収集さえしないという立場を貫いたということですね。交渉の駆け引きをするテーブルにつかないで情報を得

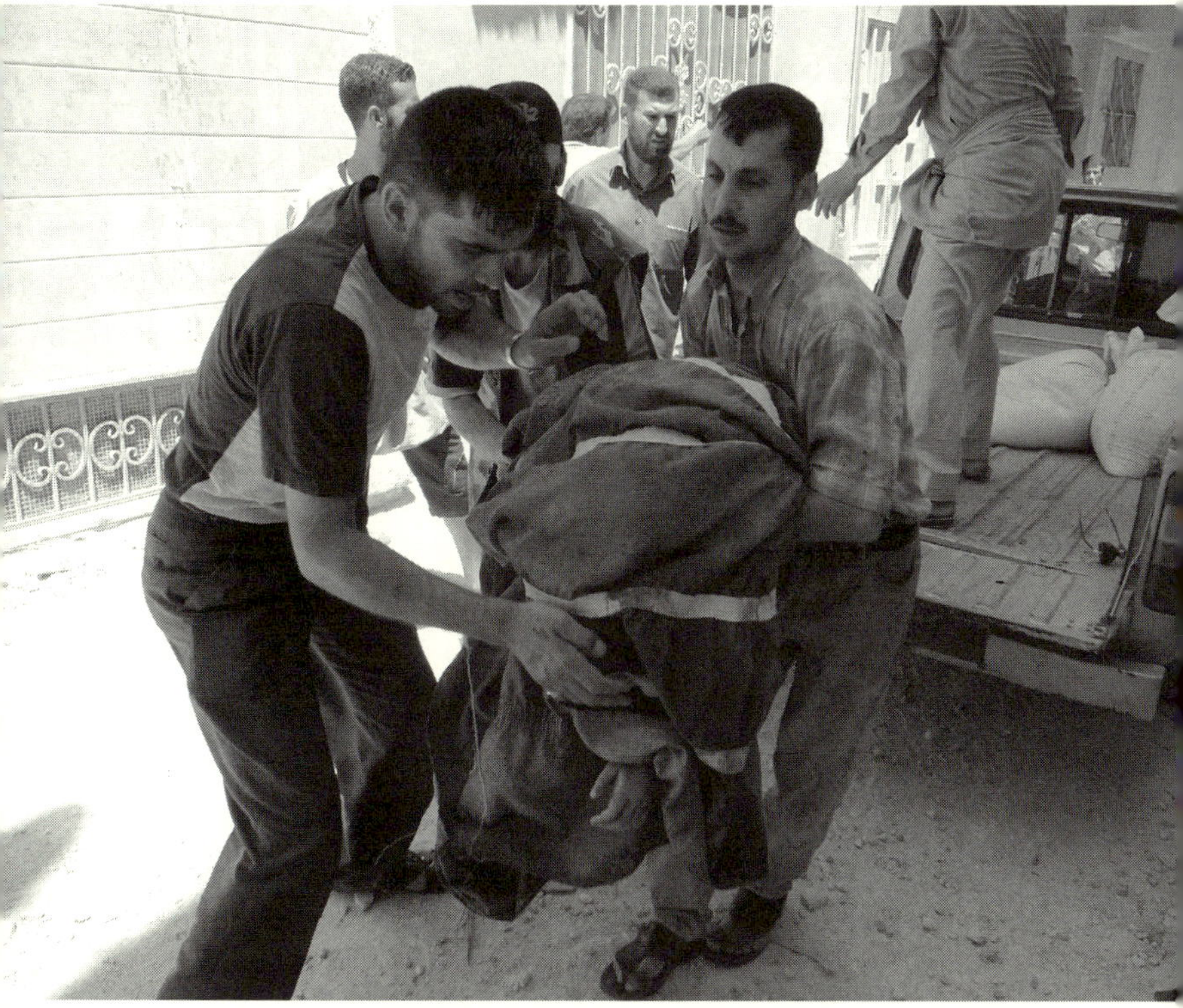

シリア政府軍のヘリコプターによる空爆で死亡した子どもの遺体を野戦病院へ運ぶ住民。もともとあった病院は政府軍が基地にしており、反政府側地域の負傷者が行くと拘束されるため、反政府側が野戦病院を設けていた。止血程度しかできず、重篤な患者はトルコやレバノンに運んでいた。シリア西部ラスタンで（2012 年 7 月、安田撮影）

るということは無理な話で、政府が交渉しない方針なのに外務省が交渉なしで情報だけを得ることは不可能だから動きようがない。トルコや日本で得られる情報というのはこんなものでしかない、ということですね。

安田　いずれも私の実際の状況とは矛盾していて、まったく裏が取れていない話ですね。〈ヌスラ〉が襲撃して身柄を奪ったというのは、拘束から一年以内に噂《うわさ》になった話です。私がシリアに入ったのが二〇一五年六月二十三日の未明で、その朝に拘束されたのですが、その時点からいた看守二人が一年後までいましたし、そのほかのメンバーも拘束一週間後から一年後に巨大収容施設に移るまで変わっていない。〈ヌスラ〉が襲撃して死者が出た、という噂があったようですが、私の周囲では戦闘自体が発生していないし、当然、誰も死んでいない。場所の移動はありましたが、彼らのメンバーは同じで、移動中も同じメンバーが同行していました。拘束からの一年間に襲撃があったとか、身柄が別組織に渡ったということは、ありえないです。

藤原　拘束当初のそのあたりのいきさつは、二〇一五年の夏ごろにはすでに事実であるかのように言う人たちがいました。

安田　そうなると、かなり初期の段階の話ですね。自分の知らないところで戦闘が起こって、私を見張っていた看守ごといつのまにか組織が変わっていた可能性はゼロではありませんが、私の身柄を奪われた側が奪還に来るかもしれないし、ほかの組織や外国政府に知らせるおそれもあるのだから、前の組織が使っていた同じ場所で同じメンバーのまま監禁を続けるとは思えません。〈ヌスラ〉が襲撃して身柄を奪った、という話はまず間違いなくデマです。

拘束期間の後半は〈フッラースディーン〉（ヌスラ傘下の外国人義勇兵を多く含む部隊）が身柄を押さえていた、という話が報道では確定情報の扱いになっていますが、これもどこで確認したのかまったく不明で、検証されることなく放置されています。

藤原　イドリブ県における〈フッラースディーン〉の拠点はジスル・アッシュグールしかないと言われていたので、安田さんの身柄もそこに置かれているだろうと推測されていました。

安田　〈フッラースディーン〉の話もどこから出てきたのかわからないけど、確定情報のようになっていますね。

藤原　メディアのほとんどが情報源としていたのはタリク、つまりアブワエルら〈ヌール協会〉ですが、彼らとは別のルートで私に入ってくる情報もやはり、〈ムハージルーン〉や〈ジュンド・アルアクサ〉といった外国人義勇兵が多くいるヌスラ系部隊が、安田さんの身柄を管理しているという話になっていった。それが現地の拘束者や、安田さんについての情報や映像・画像を流して金を儲けようとする者たちによる人質ビジネスの「既定路線」として設定されたようにも思えます。

安田　二〇一八年四月にウイグル人の施設に入れられたあと、「家族との思い出を書け」と言われて書かされた文章があります。それを看守のウイグル人が、私が書いた「手紙」として好意で日本人のウイグル研究者に届けてくれたエピソードとして日本の雑誌が書いていましたが、あの文章は完全に強制されたもので、「手紙」ではありません。英語で書かれているのは彼らが内容をチェックできるからに決まっているわけで、なぜ「手紙」などという解釈をしたのか。

公開された動画で私が話している内容も、拘束者に言わされたセリフでしかないのに、「安田が訴えた」という報道になっている。拘束者の宣伝をそのまま信じてしまうというのは、あまりにもうぶですよ。

解放のきっかけと背景

藤原　安田さんが解放されたきっかけや背景は何だったと考えますか。

安田　二〇一八年九月には、トルコの〈ＩＨＨ〉から「無償解放の話が出ているから、家族の同意が欲しい」との連絡が、家族の面倒を見てくれていた弁護士経由で来て、家族が同意しています。〈ＩＨＨ〉の担当者は「日本外務省に家族を紹介してくれるよう頼んだのに、紹介してくれなかったので弁護士を通して連絡した」と説明したそうです。それで家族が外務省に「なぜ紹介してくれなかったのか」と聞くと、「はっきりしない話なので知らせなかった」と答えています。つまり、日本政府がまったく知らないところから出てきた話だったということです。解放されたのはその一か月後（二〇一八年十月二十三日）でした。

藤原　安田さんが解放される少し前から、まもなく解放されるかもしれないという情報がありました。そんなとき、〈フッラースディーン〉の拠点が襲われ、そこで捕らえられていた一人の外国人の身柄が保護されたという情報があった。安田さんではないかと日本のメディアも色めき立ったのですが、その人物は南アフリカ人だということでした。安田さん解放の一週間ほど前のことです。安田さんはじめ、人質にされている外国人を解放させようという動きがあったようにも思えます。

安田　背景として考えられるのは、この二〇一八年九月に、トルコとロシアがシリアについて、非武装地帯の設置と過激派の排除で合意していることです。この時期に拘束者が「無償解放」を持ちかけたのは、過激派ではない穏健派の側に入るためだったのではないかと思います。日本政府がまったく知らないところから出てきた話だったのは、この時点で拘束者にとって重要なのはトルコであって、日本政府ではないからでしょう。

ここで身代金などを受け取っていたら、〈イスラム国〉と同じなので完全に過激派側に入るということになります。わざわざこの時期に、トルコに連絡を入れて過激派であることを直接宣言するとは思えません。

身代金を払うような物々交換の取引ではないから、解放のタイミングはどうでもよかったのだと思います。帰そうと思ったときに連絡を入れればこと足りるわけです。

身代金をめぐるデマ

藤原　解放直後から、「身代金が支払われたようだ」という確認のしようのない報道が始まりましたね。

安田　その根拠は、反政府側地域に多数の協力者がいて空爆などによる被害の統計をとってきた在英シリア人のNGO〈シリア人権監視団〉がそうしたリポートを書いたことと、私の動画を公開したタリクがインタビューで「金額は言えないがタダではない」と答えたことです。

しかし、〈シリア人権監視団〉のリポートには、「実は四日前に身柄が引き渡されていたが、政治的な理由で発表が遅れた」という誤った情報が入っています。解放の前日までの一か月間は同じ施設にいたし、身柄を実際に確保するまで発表するわけがないのだから、身柄が引き渡される前に発表しようとしたが事情があって遅れた、という話でもない。明らかな虚偽情報です。タリクは「自殺未遂を三回した」などと日本メディアに誤った情報を伝え、日本側に揺さぶりをかけようとした人物で、そもそも信じるに値しません。

藤原　〈シリア人権監視団〉の話も確認しようがないし、ましてやタリクら〈ヌール協会〉関係者は、ほかの人質事件にも関与して利益を得ている者たち。安田さんの件でも、金儲けのためにメディアに映像を売りさばいている。その彼らの言葉を信用するのは報道としてあまりにもずさんだし、そもそも身代金の有無についてメディアが報道してしまうことに唖然《あぜん》としました。

先ほど安田さんも話したように、シリア内戦に絡む人質事件は、身代金さえ支払われたらその拘束者が〈イスラム国〉であろうが、〈ヌスラ〉であろうが、人質はすみやかに解放されてきたわけです。安田さんが長期間にわたって解放されなかったのは、日本政府が身代金を支払わない方針を貫いたからです。それはカタールなど第三国を経由して支払うという方法も探ってこなかった、ということです。

それが三年四か月も過ぎた時点でいきなり方針を変えるわけがなく、なぜその記者たちは「身代金が支払われた可能性」に疑問を持たなかったのか。もしくは、疑問はあるけど書いてしまえ、という判断は誰がしたのか。そこには犯罪被害者である安田さんを守ろうという倫理観はまったくなかった。

安田　これらの情報が信用に足らないことは、私が帰国してから話を聞けば容易にわかることですが、日本メディアは「信憑性は不明」とことわりを入れるなどして報道してしまいました。「信憑性は不明」で報道していいなら報道機関が存在する意味はないでしょう。聞くところによると、ある新聞社では、根拠不明なのに書くということに社内で異論があったものの、「他社が書いたら困る」との理由で書いてしまったそうです。

〈シリア人権監視団〉は、イラクのネットニュースサイトが書いた私の記者会見の記事を自分たちのウェブサイトにコピーして貼り付けているのですが、この記事は、私が「イスラム国から解放されたと語った」という誤った内容になっています。私はそのような発言を一度たりともしておらず、明らかな間違いです。身代金を払ったかどうかという話は特定組織の内部情報であり、目撃情報である空爆被害の情報とは性質がまったく違います。〈シリア人権監視団〉がそのような内部情報を持っているのなら、このような誤報を自分のサイトにコピーして載せるでしょうか。

拘束者は私に対しても、ほかの囚人に対しても〈イスラム国〉であることをたびたび否定し、〈イスラム国〉をバカにする発言を繰り返していました。〈イスラム国〉が活動していない地域だし、〈イスラム国〉なら家族に直接脅迫してきますが、それもない。彼らはまず間違いなく〈イスラム国〉ではないです。

日本メディアは〈シリア人権監視団〉の話として「身代金が払われた可能性」と報じたのに、「安田が会見でイスラム国から解放されたと話した」とか「拘束者がイスラム国だった可能性」といった報道はしていない。さすがにこれは明らかな間違いだからでしょうけど、こうした決定的なデマを複数含んでいたのに、身代金の話についてだけは書いてしまい、検証せずにそのまま、それっきりです。

私は〈シリア人権監視団〉にこれらの点について問い合わせましたが、まったく反応がありません。この人権監視団のコメントを根拠に「カタールが身代金を払った」と報道した日本メディアも、明らかな虚偽情報が混ざっていたことについて、問いただすべきだと思いますが、そうした報道は見たことがありません。

「カタールが払った」説のもう一つの根拠として、「日本政府にカタールから解放の情報が入った」というものがあります。日本政府は、シリアの武装組織との関係が深いトルコとカタールに協力を求めていたことは認めています。このため、「カタールから連絡が入ったのは、カタールが払ったからだ」という話がまことしやかに語られるようになりました。

私の身柄をシリアからトルコに連れ出したのはトルコの情報機関です。同時期にシリアで拘束されたスペイン人の解放もカタールが仲介したとされていますが、このときはカタール関係者が拘束者から身柄を受け取り、事前に知っていてホテルを用意して待機していたスペイン側に引き渡しています。身代金を払ったのなら、わざわざトルコに手柄を渡すかのようなまねはしないでしょう。スペインと同様にカタールが仲介したなら、同様に解放当日に待機していなかったのは不自然です。

カタールが日本政府に連絡を入れたことが「カタールが払った」根拠にされていますが、「なぜ身柄を確保したトルコはすぐに連絡しなかったのか」について誰も疑問に思わなかったのも不思議です。

実は、トルコの情報機関の車に乗せられてアンタキヤの入管施設まで移動するあいだに、「日本大使館にすぐに連絡しないでほしい」と再三頼んであったのです。解放までに生存証明を取られていないし、彼らとのやり取りを考えても身代金は絶対に払われていないと考えていたので、「日本大使館にすぐに引き渡すと身代金が払われたかのように思われるから、時間を置いてからにしてほしい」と何度も訴えました。「同じ話を何度も言うな」とキレられてしまったほどです。このことは入管施設でも繰り返し頼みました。

日本政府が二〇一八年十月二十三日午後十一時の緊急会見で「解放の可能性」を発表したことで、世界中で報道されました。翌日の朝には日本大使館員が入管施設に着いていましたが、入管の所長は「もし会いたくないのなら、その通り伝えてやるけど、どうする？会わなくても構わないぞ」と私の意向を聞きに来ました。日本大使館員がすでに来ているなら会わないわけにはいかないのですぐに会いましたが、もし身代金が払われるなどしていたら、所長はこのような対応はしないでしょう。

トルコはカタールとも情報交換をしているはずですから、私の解放はカタールにすぐに知らせたでしょうけど、日本政府への連絡はわざと遅らせてくれたのではないかと思っています。身代金を払ったわけではなく、トルコは自分たちが「無償解放」に成功したと考えて、それくらいの配慮はしてくれたのではないかと。トルコだって身代金の支払いは否定したいわけですから。

何とかして真相の解明を

安田　二〇一八年二月に私と同じ場所に拘束されていたカナダ人の人道活動家、ショーン・ムーアは、〈HTS〉（旧・ヌスラ戦線）によって拘束され、二十六日後に〈HTS〉の民生組織である〈救済政府〉によって解放されました。「スパイではなく、平和的な人物とわかったので帰す」との証明書までもらっています。ただ、収容されていた施設については「さまざまな組織が使用している」と説明されたそうです。

やはり二〇一八年に私と同じ、ウイグル人の施設に捕まっていたイタリア人のアレッサンドロ・サンドリーニは、二〇一九年五月に約三年の拘束の末に解放されました。やはり〈救済政府〉が、「ほかの名のない拘束組織と交渉して解放させた」と主張しています。

二人とも、シリア・トルコの正式な出入国管理所であるバブ・アルハワを通って解放されていて、トルコ情報機関やそれぞれの大使館への引き渡しではありません。あくまで〈救済政府〉が救《たす》けてあげた、というかたちになっています。

カナダについては、二〇一六年にフィリピンでイスラム系組織〈アブ・サヤフ〉に人質にされて身代金を要求された観光客が、最終的に殺害されており、身代金を払わない方針であることがわかります。ショーン・ムーアも、拘束直後にカナダ大使館に救けを求める電話をかけさせられましたが直接拒否されたそうです。二十六日間だけで解放だし、身代金の支払いはないでしょう。

当時、日本の外務省もこの件を私の家族に「身代金を払わずに解放された事例」として知らせています。家族に対し、「身代金ではない方法を探っている」と何度も明言していたので、身代金を払わなくても解放されうることを知ったことは、外務省の担当者にとっても心強く感じたニュースだったと思いますよ。その時点ですでに私は拘束二年八か月で、それまでに殺されていてもおかしくなかったわけですから、その後になって「やっぱり払うことにした」なんてことはないでしょう。

イタリア人は二〇一六年にイタリアを出国する前に強盗容疑などで逮捕状が出ていた人らしく、「帰国後も自由の身ではない」といった報道が海外では流れていましたが、拘束中はそうした報道は出ていませんでした。メディアは絶対知っていたはずですが、控えていたのだと思います。日本だったら間違いなく拘束中から報道されて、「自作自演の身代金詐欺」などと叩かれまくったでしょう。

藤原　身代金についての記事を読んだとき、「書かないといけない」ことのように各社が報じていたように思えて、日本のメディアの異様さと憤りを感じました。こんなことをニュースにするのかと。拘束している組織と交渉して自国民を解放したと思われるどの国も、身代金を支払ったことについては言及してない。メディアも国民も、それを報じることもなければ追及することもない。

ほかの国のメディアは現在捕まっている自国の人質については一切報道しないか最小限

にとどめ、政府も交渉は水面下で行っている。海外での人質事件だけでなく、日本でも国内の誘拐《ゆうかい》や人質事件では、人質が解放されるか殺害が予告されるかするまでは、同じように報道はしない。メディアが何か情報をつかんでも、それを報道してしまえば解放交渉にどんな影響を与えてしまうかわからないからですね。

しかしそれは、水面下で政府などによる交渉が行われているからメディアも協力するということでもありますね。交渉が行われていないからこそ、安田さんの場合は仲介者になれる立場のアブワエルやタリクたちがまずネットに画像や映像をアップし、メディアもそれを報道することになってしまった。一方、国民の側でも「最近は安田さんの情報が何も報じられない。政府は何か隠しているのか。メディアもなぜ伝えない」と言う人たちもいた。もう悪循環としか言えない。

最後に同じ施設にいて、同時に動画が公開されたイタリア人と安田さんとで、解放のされ方や解放に関わったとされる組織が違うことについては、どういうことだと考えますか。

安田　イタリア人と同時に動画が公開され、私だけが先に解放されたので、「救けてあげた」というかたちにするとイタリア人も無償解放されると思われて身代金交渉ができなくなると考えたのだと思います。欧州人は、英国以外はみな解放されていて、イタリアも過去に身代金を払ったとされているので、彼らはイタリアからは取れると期待していたはずですから。そのイタリアが三年も解放できなかったのは、交渉に応じなかったからでしょう。実際のところ、イタリア政府も「自作自演」を疑っていたのではないかという気がします。私は帰国後に、イタリア大使館に連絡し、大使館員四人と面談して、拘束中に見た本人の様子から自作自演とは思えないことや、身代金を払わなくてもいずれ解放されると思う、という話をしました。

拘束中に数々のデマが流れましたが、解放の経緯や、ほかの国の事例と比較して考えると身代金は払われていないです。しかし、その後の検証がほとんどされないまま、根拠のないデマがそのまま事実として定着してしまいそうなので、何とかして真相を解明しないといけないと思っています。

第二章　紛争地のリアル

紛争地での取材は死と隣り合わせであり、紛争地に何度も足を運んでいる安田と藤原もまた危険な目に遭《あ》い、仕事仲間の死も経験している。

本章で語られているシリアで銃弾を受けて亡くなったジャーナリストの山本美香《やまもとみか》は、藤原と同じジャパンプレスの所属だった。山本は、ジャパンプレス代表の佐藤和孝《さとうかずたか》とともに、二〇一二年八月、内戦状態のシリア北部アレッポで反体制派を取材するため、トルコのキリスという町に入る。

その十日ほど前、同じくジャパンプレスに籍を置く藤原はすでにシリア入りしており、アレッポから四十キロほど離れた場所で民泊していた。藤原は彼らがシリアに来ることはあらかじめ知っており、携帯電話で連絡を取り合ったりしていたが、シリアでは政府が意図的に電波をカットすることがあるため、連絡が取れないこともあった。

二日間ほど連絡が取れなかったあいだに、彼らは独自で外国人ジャーナリストらと自由シリア軍に同行、アレッポ入りした。しかし町で取材中、通りを挟んだ向こう側から突然兵士たちが現れた。その前にいた民間人が「ハーザー　ヤバーニ」（アラビア語で「あれは日本人だ」）と叫んだ。そのとたんに銃撃戦が始まり、山本は九発の銃弾を受け、亡くなった。

前線にいた自由シリア軍の兵士も銃撃されており、撃ったのは、政府側（アサド政権側）もしくはそれに同行している民兵部隊だとされている。

「爆弾で死ぬ」とはどういうことか

藤原　紛争地取材をしてきたことでの気づきとか、ものを見る目が変化したというようなことはありますか。

安田　「いつ死ぬかわからないんだ」と、痛切に感じました。やりたいことはやれるときにやっておかないと、やれなくなってから悔やむのは本当につらいことだと思います。「爆弾で死ぬ」というのがどういうことかというのも、真の意味で理解したのは実際に現地に入ってからですね。爆弾で死ぬ人は、爆弾が直撃しているとは限らなくて、たいがいは爆発した爆弾の破片に当たって死ぬわけです。むしろ破片のほうが怖い。「直撃の場合は避けるのは難しいから、せめて破片が当たらないようにしろ」とイラクで活動していた民間軍事会社の要員から言われました。

藤原　爆弾の破片だけでなく、吹き飛んだコンクリートや車とかの破片も飛んできますね。周囲は巨大な散弾銃で撃たれたみたいな感じになります。

安田　破片で大ケガをしたり命を落としたりした人は、サメに食いちぎられたかのように肩が削り取られていたり、体に小さい破片がびっしり埋まっていたりしていますね。

防弾チョッキを着ていれば破片による負傷はある程度防げますが、そもそも軍人が防弾チョッキを着ているのは、すぐに治療を受けられる体制があるから。当たったらまず助からないような部位だけは守ろうということです。

ひと昔前だったら助からなかった負傷でも、防弾チョッキや治療体制の整備のおかげで死なないようにはなっているけれど、死を免れているだけで、重度の障害を負っていることも多いです。それも米軍などの正規軍の話であって、反政府側の地域では治療体制なんて整っていないので、防弾チョッキを着ていてもほとんど意味がないでしょう。

私も破片くらいは防げるよう、ヘルメットと防弾チョッキを持ってはいます。現地の人たちの分でさえ足りていない医薬品を、自分のために使わせるわけにいきませんから。しかし、重いしかさばるし、行動しにくくなるから現地でも着用していないジャーナリストも多いですね。正規軍への従軍では着用を求められるから、その場合には持っていく、という話もよく聞きます。

藤原　ピンポイント爆撃っていうけど、破片が飛び散るから、全然ピンポイントではないですね。たとえどんなにピンポイントで目標物に当たっても、周りは飛び散る破片や瓦礫《がれき》で巻き込まれてしまう。

安田　ジブリの映画『ハウルの動く城』に激しい空爆のシーンがあるじゃないですか。イラクから帰ってあれを見たとき、「これは死ぬよ」と恐ろしさで具合が悪くなりました。そのくらいには、戦争の現実を目の当たりにしてきました。

『この世界の片隅に』でも、爆弾をぼろぼろ落とすシーンがありますよね。破片が飛んでくるからって、着弾地点からけっこう離れた場所にいる主人公が物陰に隠れる。あれは、「ほう」と思いました。破片が恐ろしいという話は日本ではあまりされてこなかったので。

山本美香の死

藤原　私は、山本美香（ジャパンプレス所属のジャーナリスト。二〇一二年にシリア内戦の取材中に銃撃を受けて亡くなった）が死んだときに、弾に当たったら人間の体が壊されるんだ、ということに初めて実感が伴いました。それと、こんなに体が傷つけられてどれだけ痛かっただろうと。もちろんそれまでだって考えていたつもりだったけれど。
私もパレスチナで銃弾が当たったことがありましたが、手の甲と足首をかすった程度で、ハンダゴテを押し当てられたくらいの痛みだったたし、気が高ぶっていたこともあり、そのときはあまり撃たれたということに現実味を感じられなかった。
安田　山本美香さんは、普通に人が生活している場所で撃たれたということですか。

藤原　そうですね。山本が撮った映像には、人々が通りを歩き、周囲の建物には生活する人たちが映っていました。子どもや赤ん坊を連れた人たちもいる場所でした。そんな場所で突然、市街戦が始まりました。

安田　私は山本美香さんの事件当時は日本にいましたが、同業者仲間のあいだですぐに話が広まりました。日本人女性っていったら山本さんだろうと思って日本テレビに電話したら、そうかもしれないということで。そのうち、美香さんが車か何かで運ばれている様子の映像がネットに出て、そのときシリアにいた同業者からリンク先が送られてきました。顔まで映っていたけれど、生きているときとそうでないときとでは、顔つきがまるで違っていました。

藤原　彼女が亡くなる二日前に電話で話したあと、シリアでは携帯の電波がカットされて通信状態が悪く、連絡が取れなくなりました。彼女が亡くなった当日は、私もアレッポ市内にいて取材をしていました。その間も何度も電話をしているのですが、やはりつながらなかった。近い場所をニアミスしながら会えずに、その日はアレッポから四十キロほど離れた民泊先に帰りました。

翌日、トルコの携帯の電波が拾える国境付近まで行って連絡してみようと移動を始めたのですが、その途中で水を買うために立ち寄った店で、店主に「お前日本人か？　テレビで日本の女性ジャーナリストが撃たれたと言ってる」と言われ、すぐに民泊先に引き返して荷物をまとめ、再びトルコ国境に向かいました。国境に近づき、トルコの携帯の電波を拾い始めた私の携帯に、日本の友人からのショートメールが届きました。「藤原さんの同僚が亡くなられたとニュースで知りました。ご冥福《めいふく》をお祈りいたします」と。

彼女たちは日本テレビと契約していたので、東京からすぐに日本テレビの人たちが来てくれて、手続きなどやるべきことの対処をしてくれました。

日本に彼女の遺体が帰ったあと私はトルコに残り、山本が撃たれた状況について調べるために二回アレッポに入り、自由シリア軍の部隊を回って聞き取りをしてから帰国しました。

帰国してからの一年ほどの記憶がほとんど抜け落ちています。自分がどこへ行き、誰と会って何をしていたのか、全然思い出せない。いろいろなことに忙殺されていたせいなのか、仲間を失ったことで動揺していたからなのかはよくわかりませんが。気持ちはとても不安定で、ちょっとしたことで激しく揺れてしまうようになっていたために、感情にふたをしてただ黙々と仕事をこなし、なるべく人に会わず、毎日浴びるように酒を飲んで泥酔して無理やり一日を終わらせる。そんな感じで過ごしていました。

「自由を奪われた状態」の過酷

安田　紛争地域に限らないけれど、自由を奪われた場所で暮らす人間はどうなっていくのか。その過酷さは、経験した人でなければなかなかわからないかもしれません。日本は、経済状況や家庭の事情などで個人差はあるにせよ、世界的に見ればとても自由な国です。自由を奪われた状態とはどういうことなのか、日本で暮らしている人には理解が難しい。

私が解放されて帰国後すぐに行った記者会見の中で、拘束中の食事について聞かれたときに、「ときどきスイーツを持ってくることもあった」と話しましたが、それについて、捕まっているくせにいい思いをしているじゃないか、みたいなことを言ってくる人がいる。自由を奪われている状態、その状態がいつ終わるかもわからない状態の中で与えられるものなんて、何の意味もないんですよ。

相手がこちらをどう扱うのか、というのは自分の状況を把握するうえで大事なので、どのような食事を持ってくるかなどは観察する必要があります。シリアで拘束されていたアメリカ人の手記でも、同じように観察している様子が書かれています。だから会見でスイーツの話をしたのですが、ほとんどの人はその意味が理解できず、私がバカにされただけでした。

藤原　拘束されているくせにデザート付きとはけっこうな待遇だな、と彼らは思うわけですね。それで自作自演じゃないのか、などと言い出す始末でした。人をおとしめる快感を得るためなら何でもいい。自分の意志で何もできない不自由な状況に置かれている状態では、ものを食べることは生き延びるための行為でしかないのに。

安田　そもそも、三年四か月のあいだに起きたことを二時間程度の記者会見やインタビューなどですべて話すことはできません。シリアで何が起こっているかもほとんどわかっていないのだとしたら、「自分の知らないことがもっと起きていたに違いない」と考えたりしないのかな、と思うのですが、考えないのですね。

日本でも家庭内での虐待や職場でのパワハラがあったり、病気やケガで障害を負ったり、安定した収入を得られなかったり、災害などで住む場所を失ったり、さまざまなかたちで苦しんでいる人がいるわけですが、そうした状況にない人からはなかなか当事者の大変さが理解されません。当事者は、誹謗《ひぼう》中傷までされかねない。

「シリアは遠いからわからなくてもいい」と言っていると、目の前の人に対してだって、無理解や無関心に陥りかねないんじゃないかと思います。

藤原　自分がよく知らないことや関心がないことにも意見を言っていいのだ、と思う人たちがいて、そういう人が借りものの正しさで他者を批判する。そうすることで自分の正しさを感じたいんでしょうか。そういう人たちは、自分も何らかの批判をされる当事者になる可能性があるということにまで、想像が及ぶことはないのでしょう。

日本人が紛争地で起きていることに現実味を持てない理由の一つは、戦争行為そのものしか報道されないことが多いからだと思います。人が何人死んだとか、国際情勢の話とか。それでは戦争を「人間の問題」として捉《とら》えることはなかなか難しい。

極端に言えば、そこには死んだほうが楽になれる日常がある。しかしそれでも生きて、また明日も同じ日常を送らなければならない。命や暮らしを脅かされ、自由を制限された状況でも否応なしにやってくる「明日」を過ごさなきゃいけない。

人は自由を制限されても、その制限された自由をなんとか守ろうとして生きていく。その中でもなんとか息が詰まらないように生きていくためには、少しでも過酷な日常を忘れられるような楽しみも自分たちで考えなければつらすぎて生きていけないし、生きていくためには飯も食わなきゃいけないし。それでも人は生きていく。

そういう事実を知らなければ、戦争の過酷さや異常さを想像することは難しいと思います。

東日本大震災で、津波で山が崩れて道が寸断された集落に、ようやく道がつながったば

東日本大震災。津波でほぼ壊滅した宮城県の牡鹿半島の入り江にある漁村では、小さな娘を抱いた母親が、瓦礫の前で立ちつくしていた（2011 年 3 月、藤原撮影）

かりのときに取材に行ったんです。五十〜百戸くらいの小さな漁村です。そこで写真を撮っていたら、モリを手にした数人にいきなり囲まれたんです。モリを突き付けられ、「お前ら中国人か？　いったい何を盗みにきた」と詰め寄られました。

現代の日本社会でも、大震災の被害に遭《あ》って孤立し、情報やライフラインが寸断されたら、人はこんなにも混乱するのかと教えられた場面でした。

安田　メディアでは、大震災に遭っても行儀よくマナーを守る日本人みたいなことがさかんに言われたけど、あのような非常事態下でそんなはずはないんですよ。

藤原　特異な状況に置かれれば、人の理性など吹き飛んでしまうと実感する経験でした。ましてや戦争状態にある場所で、理性的でいることにどれほどの困難を伴うのかは、きっと、報道からは想像がつかない。人間って、簡単に攻撃的、暴力的になるし、一方でそういう状況でも理性を保とうとする気高さもある。そういう部分は報道にはほとんど出てこないから、実際に現場に立ち、見てみなければわからないことがたくさんありますね。

「退避勧告を無視して」という批判

藤原　拘束された安田さんに対して、「なぜ危険な場所にわざわざ行ったのか」という言葉が飛び交いましたが、それは「政府が危険だと指定した場所」に行ったことへの批判ですね。まるで、台風が来ているのにサーフィンをして流されたとか、嵐の日に登山を強行して遭難したとか、そんなたぐいの話をしているわけです。

戦争に対する想像力の欠如というか、戦争は兵士と戦闘員しかいないジャングルや荒野で行われているわけではないので、日本の外務省が「渡航中止勧告」や「退避勧告」を出した地域では戦争状態の中でも生活を続けている人たちがいます。

消防士が危険な火災現場に飛び込んでいくように、ジャーナリストも行く。そこに生きる人たちがいるのに危険地帯だから行かない、というのはもうジャーナリストの職分放棄になってしまいます。

大手メディアには社の規定があるから、反体制派武装組織が支配している地域など、危険地域には基本的に入らない。現場の記者の人たちはもちろん行きたいでしょうし、行けないことに歯がゆい思いをされていると思います。しかし危険だから取材をしないというのは、ジャーナリズムの原則から言えば間違っている。行けるかどうか検討してみたけれど、あまりにも危険なので断念するという選択は当然あるけれど、決まりとして行かないというのはおかしいわけですよ。でも、だからこそフリーランスにも活動する場所があるとも言えますが。

安田　日本の大手メディアが危険地帯の現場取材をしなくなってきたきっかけは、一九九一年の雲仙普賢岳《うんぜんふげんだけ》（長崎県島原半島）の噴火ですね。噴火の様子を撮影していた報道関係者十六人と、彼らが雇っていたタクシー運転手のほか、消防団員や警察官、火山学者らが火《か》砕流《さいりゅう》に巻き込まれ、計四十三人の死者・行方不明者が出る惨事になった。

当時、現場には退避勧告が出ていたのですが、報道関係者はその区域内に入って噴火の様子を撮影していた。住民が避難していた家屋に勝手に入り込むなどしていて、地元では相当嫌われていたそうです。それで退避するよう呼びかけたり、警戒にあたったりしていた消防団員や警察官が亡くなったので、日本メディアへの批判が起きたわけです。

報道合戦が加熱していた、という表現がされますが、みな同じ場所で撮っているのだから競争というようなものではなく、「他社がやるのなら、やらないわけにはいかない」という横並びというか、後ろ向きの〝競争〟です。日本メディアは、自分たちだけが報道する「特ダネ」をねらっているように見えて、実は、他社が報じて自分たちだけが報じない「特オチ」をより心配する傾向があります。

長崎県島原《しまばら》市の雲仙岳災害記念館に行くと、当時の様子を再現ドラマで見ることができます。「今日はどうっスかねえ」といった具合の軽い口調で話す報道関係者が出てきて、いかに報道陣が嫌われていたかがよくわかります。

「退避勧告を無視」という表現で、政府が「危険である」と認定した場所での取材行為が批判されるようになった、大きな転機です。これをきっかけに紛争地の取材も自粛するようになっていきました。日本社会の中で、危険地帯での取材行為が「迷惑行為」と捉えられるようになり、日本メディアはそれに抗《あらが》えなくなっていった。

噴火によって住民が避難しなければならない状況ですから、原因である噴火の様子を撮影し、報道することに意味がないとは言いませんが、噴火はあくまで自然現象です。国家や人が「正義」を掲げて人為的に人を殺す戦争を、自然現象と同列に扱うのは間違っていると思います。日本政府によって退避勧告が出されていても、戦争の現場には出ていくことのできない人たちが暮らしている。噴火をより近くで撮ろうということよりも、殺されている現場を報道しようということのほうがはるかに緊急性も必要性も高いはずです。

退避勧告をどこに出すかにも政府の意向が反映されます。たとえばある国の中ではほとんどの地域に退避勧告が出ているのに、政府の機関であるＪＩＣＡ（国際協力機構）がいる場所は出ていない、なんてこともあります。昔、イラクに自衛隊を送るかどうかの国会での議論で、派遣先が戦闘地域かどうかが問題になり、当時の小泉純一郎首相が「自衛隊の活動している場所が非戦闘地域」と言いましたが、同じようなことがあるわけです。

退避勧告をどこに出すかは外務省の裁量で行われていて、それが妥当なのかどうか、第三者機関や報道による検証もされていません。恣意《しい》的な設定がされうるのに、退避勧告を理由に現場取材をしないということになると、たとえば自衛隊が活動しているような場所を取材させたくないから退避勧告を出す、ということがされかねず、それに従うことになってしまう。そもそも安全な場所なら自衛隊を派遣する必要がないですからね。

二〇〇四年の日本人三人のイラク人質事件では、「退避勧告を無視して」という表現でメディアが三人を批判した。そうやって、メディア自身が「退避勧告には従わなければならない」という認識を社会に広めていった結果、自らの首を絞めるような状態になってしまっている。報道がやらなければならない仕事とか、人の命の重さとかよりも、「政府に迷惑をかけない」ということが優先されるようになってきていると思います。どのように迷惑なのかというのも事実関係を精査して言っているわけではないですね。

「命の重さ」とは無縁の世界

藤原　二〇〇五年にパレスチナのガザ地区で出会った女の子がいました。彼女は縮れ毛とクリッとした目がかわいい女の子で、半分ほど崩れた家に暮らしていました。その地区は住宅密集地だったのですが、イスラエル軍による緩衝《かんしょう》地帯確保のために日々攻撃され、家屋が破壊されている場所でした。

　家の横の道にロープを張って、そこで女の子が洗濯物を干していたんですね。その光景を写真に撮ったら女の子がこちらに気づいてにっこり笑い、身ぶりでお茶に誘ってくれた。まだ十歳なのに知らない外国人にも物おじせずにもてなしてくれるんですよ。

　それで、つい私はつまらない質問をしてしまった。ほんの世間話のつもりで、「大人になったら何になりたいの？」と。そのとき返ってきた言葉で頭をガツンとやられた気分になりました。

「朝、目が覚めて自分が生きているとわかったらその日何をしようかと考えるけど、いつ死ぬかもしれないから先のことはわからない」

　思いつめたように話すわけでもなく、さらりと。日々命の危険にさらされて生きていると、こんな小さな女の子が、自分の生や死にこんな考えを持つようになるのかと。さらに彼女は、「将来のことは、大人になるまで生きていたら考える」と言う。何度もパレスチナに通いながら、おれは何を見てきたんだと。

安田　シリア内戦を取材した二〇一二年は西部のホムス県が最激戦地で、反政府側が支配していたラスタンという人口四万人（当時）ほどの都市を中心に五週間滞在しました。
　反政府側の戦闘員の家庭に居候《いそうろう》していたのですが、住民の八割以上が避難していて、学校はやっていないし、隣近所も多くが空き家状態になっていました。そのような場所に滞在している日本人が珍しいのか、子どもたちがよく懐《なつ》いてくれました。

ラスタンでは連日ヘリからの空爆や戦車砲攻撃が行われていて、子どもや女性が毎日犠牲になっていました。

空爆や砲撃があると、近所の住民が集まってきて崩壊した民家の瓦礫の中から被害者を救助するのですが、子どもは助からない場合が多かった。同じ大きさの破片が当たったとして、大人は助かっても体の小さい子どもには致命傷になってしまう。

座っている状態で天井がつぶれるからなのか、頭部が割れて脳が飛び出してしまっているような遺体も何度か見ました。ひどい場所では、ほとんど原形もとどめていないような状態でした。

街中が破壊されていたので、私の居候先から着弾地点まで歩いて一、二分程度ということも珍しくない。遺体はすぐ腐敗するものですが、ほんの数分前までは生きていただろうことがわかるような遺体がほとんどでした。

止血程度しかできない粗末な野戦病院で子どものひどい遺体を見たあとに、ぐったりとした気分で居候先に向かっていると、近所の三歳ほどの子が何十メートルも向こうから走って迎えにきて、手をつないできたのでそのまま一緒に帰りました。

子どもってかわいいんだな、と心底思ったのは初めてだった気がします。いま手をつないでいるこの子が、つい先ほど、野戦病院で見た子どものようになってもおかしくない。子どもが生きているということ自体が奇跡なのだと。

自分には子どもがいないし、紛争地を取材する人で子どもを撮影する人は多いので、特に取材対象にはしてこなかったのですが、やはり弱い者が犠牲になっていくということを実感しました。それまでにも紛争地の取材はしていましたが、本当の現場にまでは入れていなかったんだな、と思い知りました。

藤原　私がシリアのアレッポで取材をしていたときにも、子どもたちが犠牲になっていく姿を多く見ました。

その時期はラマダン（イスラム暦の九月、断食月）だったのですが、陽が上がっているあいだは食事も飲料もできないラマダンのときは、日没後に食べる夕食が彼らの楽しみになりますよね。それで、夕方になると買い物をする人たちがたくさん市場に集まる。

アサド政府軍はその時間帯の市場をねらって、空爆や砲撃を仕掛ける。人が集まる場所・時間帯をねらえば殺戮《さつりく》の効果が大きいからです。「お前たちが殺されるのは、反体制派のいる場所に暮らしているからだ」という恐怖を与えるという理由で。「テロリストをかくまう者もテロリストだ」というのと同じ理屈ですね。

私はその時間帯に、反体制派側で唯一稼働している救急病院にいたのですが、市場への空爆でたくさんの市民が死傷し、運ばれてきていました。その中に、三歳ほどの小さな女の子がいました。父親が毛布にくるんで運んできたその子は、破片によって割られた頭がパックリと開いていました。でもまだ息があり、聞き取れないほどの小さな声で何かをつぶやき続けていました。

手術台に運ばれても、ろくな薬もなく、手術のための器具や装置も壊れたまま修理もできない政府軍に包囲された病院では、医師も何もできない。その子は手術台の上に寝かされ、何かをつぶやき続けている声は途切れ途切れになり、やがて口の動きは止まり、体中の肌の血の気が失せて真っ白になって亡くなりました。私は「ああ、人間って死ぬ瞬間はこんなに真っ白になるんだ」と思いました。そのとき父親は崩れ落ち、静かに、でも狂ったように泣き崩れました。

人がいま死んでゆくという、その瞬間に立ち会うのは初めてのことでした。私はそのことを記事にしましたが、人が死ぬ、殺されて死ぬ、ということをどう書けば人にわかってもらえるのか、わからなかった。こんな幼い子どもが、ただ父親と夕飯の食材を買いに行くために道を歩いていただけの子どもが、国家というものによって殺される。国家にいかなる理由があるとしても、こんなことは許されていいはずがないです。

安田　シリア政府は無差別攻撃であることを一貫して否定していますが、政府側と反政府側の位置関係や地形、使っている兵器などを見れば確実に無差別攻撃だとわかります。政府に逆らうと大変なことになる、と思い知らせ、こんなことなら前のほうがましだったと思わせるためにやっている意図的なものですよ。

市民を銃撃・砲撃する政府

藤原　ほかにも印象的だったのは二〇一七年、〈イスラム国〉に支配されていたイラクのモスル奪還作戦の取材で、イラク軍に従軍していたときのことです。解放されたばかりの地区にイラク軍部隊が入っていくと、人々が車列に向かって笑顔でVサインを作り、手を振って迎える。部隊が止まると、頼んでもいないのに誰かがチャイを持ってきて指揮官や兵士をもてなすわけです。

解放軍を歓迎する、という意味もあるのでしょう。でもこの人たちはきっと、〈イスラム国〉が来たときも、こうして出迎えたのかな、と思いました。生き延びるために、彼らには自分がどういう立場をとるかなどの選択肢はなかったはずです。どんな部隊がやってきても、笑顔で出迎えるしかない。

同様に、シリアのアレッポで続いていた反体制派と政府軍の戦闘で、最終的に政府軍がアレッポを奪還したとき、反体制派支配地域に暮らしていた住民たちが、町を「解放」した政府軍を歓迎する様子を伝える報道がありました。それを受けて、反体制派がいかに住民たちにとって迷惑な集団だったか、ということを語る人たちもいた。

もちろん、歓迎した人たちもいるだろうし、そうでない人たちもいるはずです。でも、彼らが本心など語れるわけがない。「解放」を喜ぶ姿を見せなければ、反体制派支持を疑われ、何をされるかわからない。アレッポが「解放された」というのは一つの事実ではあるけれど、圧倒的に国民を殺害してきたアサド側の広報の役割を担うようなものを「報道」と言えるのだろうか。

安田　日本人女性でシリア人男性と結婚している人がいるのですが、その男性は元兵士で、デモ隊への発砲を命じられたので嫌になって脱走したそうです。でも、日本にもアサド政権の支持者がいるし、怖がって人前ではその話はしないそうです。怖くて政府の批判ができないのが独裁国家なわけですが、現地の人々が話せないのをいいことに、「人々は幸せに暮らしていた」なんてことを言う人たちがいる。アサド政権を支持しているからなのか、そういう恐怖の中にいる人がいる、ということが想像できないということなのか。

イラク戦争で二〇〇三年四月にサダム・フセイン政権が崩壊する前までは、人々は「ブ

イスラエル軍の砲撃と爆撃で徹底的に破壊された、パレスチナ自治区ガザの町。壊された自宅からまだ使える家財道具を持ち出すために、一時停戦のあいだに避難先から戻った姉妹（2014年８月、藤原撮影）

ッシュ（米大統領）」と地面を指差して足で踏みつける仕草をしたものですが、崩壊直後からは「サダム」と言って同じことをやっていました。

病院に行くと空爆でひどいケガをした人がたくさんいたのですが、アメリカに対する怒りをあらわにする人はほとんどいませんでした。独裁者サダムと超大国アメリカの戦争に巻き込まれた自分の運命に静かに耐えているかのようでした。

それを疑問に思った私の通訳が、私のいないところで改めて聞いてみたところ、「日本人にへたなことは言えないから」と答えたそうです。アメリカは新たな権力者であって、そのアメリカ側である日本から来た人間の前で、アメリカへの怒りなんか見せられません。

藤原　シリア内戦では、政府軍とそれに協力するロシア、イラン、〈ヒズボラ〉（レバノンを拠点に活動するシーア派の組織）によって、圧倒的な力で市民が殺されている。ところが反政府武装勢力だって政府側支配地域を砲撃したりして市民を殺しているじゃないか、という話を持ち出し、「どっちもどっちだ」という話にされてしまう。さらには、反政府側だって〈アルカイダ〉やカタールに支援されているじゃないかと、専門家と呼ばれる中東研究者さえ言う。

シリア内戦にはさまざまな国が関わっているとはいえ、代理戦争の要素はきわめて薄い。研究者やニュース解説者がシリア内戦を代理戦争と位置づけるのは、そう理解したほうが自分が楽だからにすぎない。

そもそも、市民に向けて空爆し、銃弾や砲弾を撃ち込み、すでに四十万人も殺害し、今も殺し続ける政府に正当性などありうるわけがない。それでも、「どちらにも非がある」と言う人たちは、人の命など何とも思っていない。戦争の現場を見たことのない人が戦争を分析し、語ることの危うさは、そこに人の命に対する視点が欠けていることです。

安田　内戦というのはかならず外部からの干渉があるんですよ。正規軍に反政府側が勝てるわけがないのだから、外部からの支援を求めるのは当然の流れです。外国は外国でその後の影響力を持ちたいから援助をする。代理戦争の側面は必ずあるわけです。

日本の戊辰《ぼしん》戦争だって、幕府側にフランス、倒幕側にイギリスが付いた。その側面を見れば代理戦争ですが、当時の日本人はそれぞれの考えがあって外部を利用しながら戦っていたわけで、彼らをだまされたり煽《あお》られたりして戦っただけの操り人形のように言う日本人はほとんどいないでしょう。

シリアの反政府運動を外部からの陰謀だとか、煽られたのだとか言う人がいますが、人にはそれぞれの人生があり考えがあるわけで、意思がないか思慮のない操り人形であるかのように言うのは、シリア人だけじゃなくて人間というものに対する冒瀆《ぼうとく》だと思います。

第三章　現在につながったできごと

安田は二〇〇三年に新聞記者からフリージャーナリストへと転身し、主に紛争地や被災地を中心に取材を続けてきた。藤原は、一九九八年からパレスチナ問題やその他の紛争地で取材を続ける一方で、難民問題や在日コリアン、原発被害など現代社会に根深く存在する諸問題を追ってきた。そんな二人が出会ったのは、二〇〇九年のことだった。

二人は、どのような動機からジャーナリストを志したのか。その原点について、初めて語り合った。

記者を志した理由

藤原　安田さんが新聞記者を志したのは、どういうきっかけから？

安田　大学三年生の終わりころになって周りが就職活動を始めて、商社がどうとか話をしているのを聞いていて、どうしても自分にはピンと来なかったんですね。記者の仕事に興味があったのですが、採用は多くないし、難しいのではないかと考えて、よく考えるために一年休学することを選ぶんですが、行き着いたのはやはり新聞記者でした。

それまでの自分の人生を振り返る中に、ヒントがありました。埼玉県入間《いるま》市で育ちましたが、私が小学生のころは家の周りに山があり林があり沼があり、まだ三面張り（両岸と川底をコンクリートで固めた河川のこと）になっていない川もあって、近所で友達とターザンごっこができるような環境で遊んでいたんです。

私は一九七四年生まれで、同年代人口が非常に多い団塊ジュニア世代にあたるんですが、中学校に入学したころ、教室もグラウンドも足りないということで、中庭にプレハブ校舎を建てたり、校舎の横の山を削ってグラウンドを作ったりするようなありさまでした。その山は、市街地からちょっと入ったあたりにあった木にはちみつを塗っておくだけでカブトムシが採れるような場所だったんですが、そのころからだんだん、カブトムシが採れなくなってきました。

行けば必ずクワガタが採れた林も、子どもたちが底なし沼と呼んでいた沼も、いつのまにかなくなって住宅地になり、川は三面張りになりました。そうした変化を気に留めることはなく、そんなもんだろうと思っていました。好き勝手に遊んでいた小学生時代とは違い、部活に明け暮れ、ルールが決まっていて勝ち負けなどの価値観が決められているスポーツをやるようになり、偏差値や順位などの価値観もほぼ決められていて、与えられた質問に求められている回答を返す受験勉強、というふうに、次第に社会のレールに乗り始めたからかもしれません。

身の周りに当たり前に存在していたものがなくなったこと。それにどういう意味があったのか、ようやく気づき始めたとき、私はすでに大学生になっていました。疑問に感じることなく社会のレールに乗って忙しく過ごすうち、自分自身の感覚や価値観でものを見て考えるという習慣は失われていました。山が崩されてグラウンドになったのは、その象徴的なできごとだったと思います。

時代とともに町が変わっていくことや、好きだったものが消えていくことは仕方のないことですが、そのことを知らず、意味もわかっていなかったことがショックでした。あとから知ってももう遅いわけです。反対運動をしたいということではなく、何が消えていくのか、変わっていくのか、予め知ったうえで自分自身の立ち位置を決められるようでいたいと思いました。

まず自分が知り、それを伝える仕事が新聞記者です。世の中のものごとに対して、自分自身がそれをどう捉《とら》えるのかを明確にして、そのうえでどのような位置に立つのか。そういう価値観を自分自身で持てる人間でありたいと思っていたので、そうしたことを考えること自体が仕事になる新聞記者が最も私に合うだろうと考えました。

藤原　新聞社の中でも、全国紙ではなく地方紙の信濃《しなの》毎日新聞を選んだ理由は？

安田　「記者になりたい」と思ったので、新聞社の規模にはあまりこだわりませんでした。全国紙もいくつか受けたけれど、あまり好きでない新聞社は受けなかったし、結局内定は取れなかった。ブロック紙の内定はもらえましたが、信濃毎日にしました。最初に内定をもらえたからというのが一番大きいですが、記事の内容がよくて、歴史のある新聞社だったというのが決め手になりました。

藤原　私も信濃毎日で何度も書かせてもらった時期に、当時の担当デスクの方に記事の書き方や取材のやり方を丁寧に教えてもらいました。社内の人間でもない私に、そこまで親身に指導してくれるのか、というほどに。

安田　地方紙には、新聞の体《たい》を成していないものも少なくない中で、信濃毎日は新聞としてかなりまともです。入社して実力をつけて数年で全国紙に移る記者も多かったですね。

地方紙では地元の話題が中心で、扱う地域の範囲は小さいじゃないですか。でもそもそも、人間が一生のあいだに自分の身の周りのできごととして認識できる範囲って、そんなに広くないんですね。自分の想像の及ばない場所で起きているできごとは他人事《ひとごと》になってしまいがちだけれど、見知らぬ世界のできごとも、自分の認識できる範囲のものを材料に語れば、自分と関係のあるものとして想像力を持って捉えることができると考えています。そういう意味で、地方紙だからこそ読者に届けられることは多く、全国紙よりむしろ可能性があると感じていました。

湾岸戦争の記憶

藤原　地方紙の新聞記者だったのが、国際報道に関心が移っていったきっかけは何かありましたか。

安田　私が入社したころには新聞を読む人が減り、業界全体が衰退し始めていました。そうなると広告をたくさん取って広告料を増やすしかないので、地方紙の場合には必然的に、紙面を広げて地元の小さなネタを数多く集めて掲載する流れになるわけです。地方では全国紙のシェアは数パーセント程度なので、ライバルは地域のミニコミ誌ということになります。そうしてミニコミ誌化が進んで話題の範囲は狭くなり、記者のほうも、紙面を埋めるための記事に時間を取られるようになりました。

そんな中で、9・11が起きたり、BSE問題（二〇〇〇年代初頭、アメリカで牛海綿状脳症《うしかいめんじょうのうしょう》＝BSEに感染した牛が確認されたことによるアメリカ産牛肉の輸入禁止と、それに付随する牛肉偽装事件などの諸問題）が起きたりして、世の中のそれまでの価値観が急激に変化していくのを感じていました。

［注］「9・11」は二〇〇一年九月十一日に起きたアメリカ同時多発テロ。同日朝、〈アル

カイダ〉のメンバーが四機の旅客機を乗っ取り、二機がニューヨークの世界貿易センタービルの北棟と南棟に、別の一機がワシントン近郊の国防総省庁舎に突っ込んだ。残り一機はペンシルベニア州に墜落した。米ブッシュ政権は同年十月、〈アルカイダ〉の引き渡しに応じなかったとしてアフガニスタン（タリバン政権）を攻撃し、二〇〇三年にはイラク（フセイン政権）が大量破壊兵器を保有し、アルカイダを支援しているなどの疑いがあるとしてイラク戦争を開始した（大量破壊兵器は発見されなかった）。

藤原　初めてアフガニスタンを訪れたのはそのころですね。

安田　そうですね。二〇〇二年三月に、新聞社の仕事としてではなく休暇をとって訪れました。アフガニスタンはタリバン政権が崩壊（二〇〇一年十二月）した直後で、あとから見れば最も安定していた時期でした。

もちろん、長年の内戦で街中がボロボロでした。首都カブールでも廃墟《はいきょ》が広がっていたし、南部のカンダハルへ向かう幹線道路はほぼ未舗装で砂漠の中を走っている状態で、旱《かん》魃《ばつ》で川が干上がって橋は落ちてしまっていたし、車の中にいても小麦粉のように細かい砂で全身が真っ白になるありさまでした。乗り合いのハイエースで移動したのですが、五百キロ程度の距離でも一日では着かず、途中のドライブインのような場所で一晩過ごしました。

そんな状態でしたが活気にあふれていて、新しい時代が始まるのだ、というような前向きな気配を感じました。まだ人々のあいだに将来への希望が広がっていた時期です。

戦争の影響が出てくるまでには、しばらく時間がかかるわけですね。それはイラク戦争でもそうでした。タリバン政権時代やその前の内戦状態を知らないので、何がどう変わったのか、ということがわからず、現地を訪れたもののモヤモヤしたものが残りました。やはり、戦争によって変わる前の姿を見ておかなければいけないと思いました。

藤原　そのときは、これからは国際報道をやっていきたいという意識はあったんですか。

安田　いや、そこまでは考えていなかったし、地方紙の仕事にやりがいを感じていました。でも自分の目で今のイラクを見たいという気持ちが高まって、二〇〇二年の暮れに再び休暇を取り、イラクに行きました。アフガニスタンのタリバン政権を倒したアメリカは、続いてイラクに攻め込もうということで、周辺に米軍を展開させて準備を進めていました。戦争の名目は「大量破壊兵器の保有」で、国連の査察がイラクに入っていた時期です。

［注］国連のイラクに対する大量破壊兵器査察は、湾岸戦争の停戦決議に端を発する。イラクが大量破壊兵器を廃棄し、今後も生産・保有しないことが決議され、イラクはこれを無条件で受け入れ（一九九一年）、国連がイラクに対する査察を開始した。一九九八年、イラクが協力を拒否したことから査察はしばらく中断していたが、二〇〇二年にイラク政

府が無条件査察受け入れを表明。査察は行われたが、二〇〇三年三月、大量破壊兵器が発見できないままにアメリカはイラク戦争を開始した。

イラク戦争は始まるまでが長く、イラク政府が戦争を回避するために外国人を受け入れていたので、イラクでの活動実績がある市民団体のツアーに参加するかたちならイラクのビザを取るのは難しくありませんでした。

このとき思い起こされたのは、湾岸戦争（一九九〇年、イラクによるクウェート侵攻に端を発する紛争。アメリカを中心とする多国籍軍がイラクを攻撃した）の記憶でした。あのときは現地にはメディアがほとんど入っていなくて、テレビでは、対空砲で上空が激しくチカチカ光っている映像だけが繰り返し報じられました。

当時高校生だった私は、あのチカチカの下はどんな状態なんだろう、と思いました。そこで人が暮らしていることはわかるのですが、そこにいる人たちがどんな状況なのか、自分がもしそこにいたらどんな状態になるのか、まったく想像がつきませんでした。すっかり忘れていたその記憶が、一気に蘇《よみがえ》りました。

「イラク戦争なんかどうでもいい」

安田　私が二度目のイラクへ向かったころ、日本のメディアでは国連査察の様子などは報道されていましたが、さほど重大なこととは捉えられていなかった。開戦すれば新聞紙面は戦争関係で大展開されるし、テレビは一日中戦争の映像を流すわけですが、始まるまでは淡々としたものでした。

毎年八月になると、日本のかつての戦争を取り上げて「戦争はよくない」という文章が新聞に載るわけですが、今から始まろうとしている戦争については「長野県と関係ないからどうでもいい」といったことを編集幹部でも言うわけです。なら何のために、共同通信の配信記事を使って国際面という紙面を設けているのか。何も考えなければ関係ないように見える世の中のできごとと、個人や地域社会との関係性を語っていくのがメディアの仕事だと思うのですが、大きな戦争が始まろうとしているときに、新聞社の人間ですら関心を示さないのは、自身で経験していないからだと思いました。

戦争を経験するのは決していいことではないし、戦争を知らないというのは平和と言えるかもしれませんが、知らないだけに発想が過激になってくる。戦争はよくないと誰もが

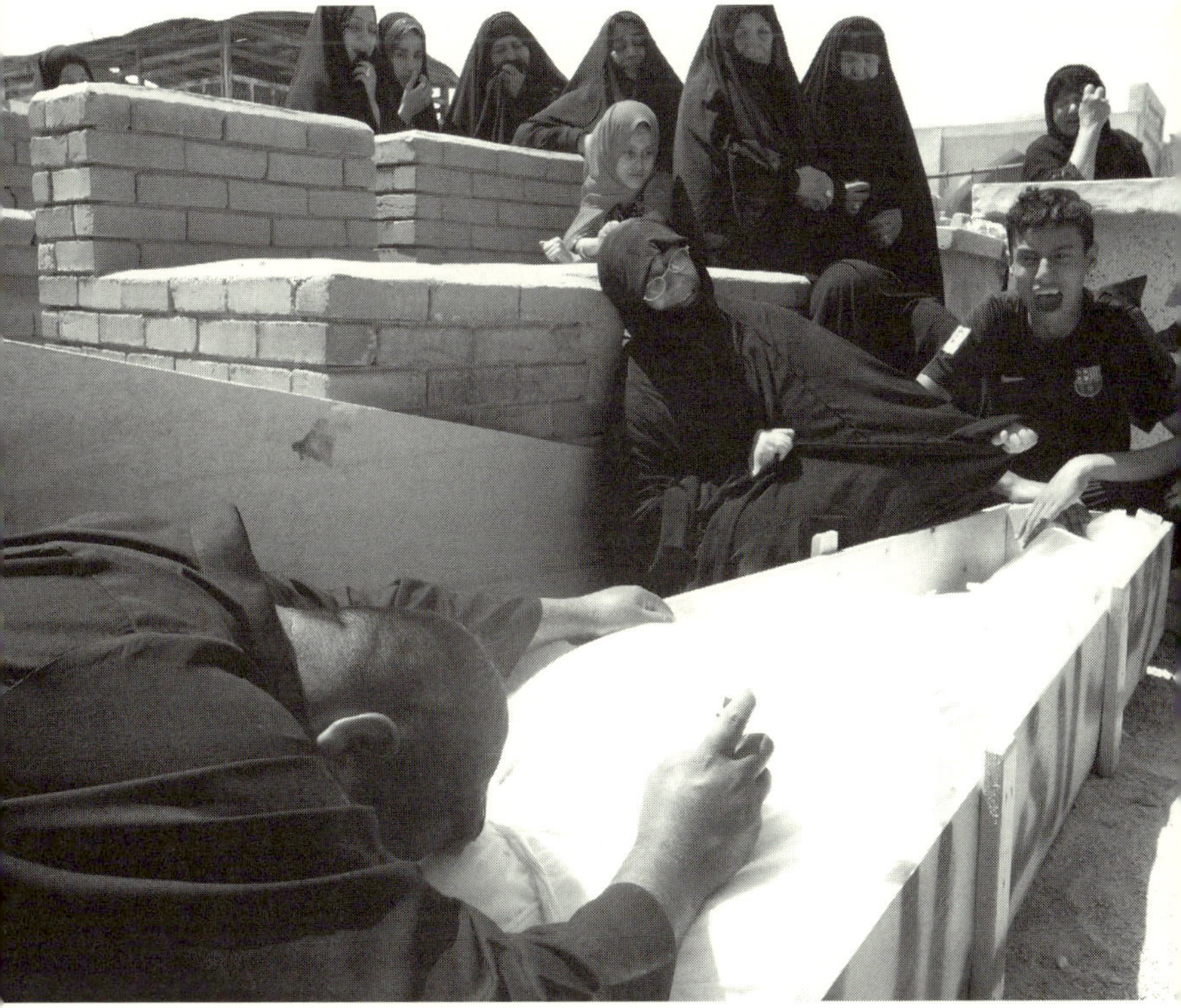

対イスラム国の前線で戦死したイラク兵の埋葬を前に、泣き叫ぶ遺族。イラク中部、ナジャフのイスラム教シーア派の聖地イマーム・アリ廟の周囲に広がる墓地で（2014 年 4 月、安田撮影）

思っているわけですが、結局はまた繰り返される、ということが歴史上ずっと続いてきたのだと思います。

いまから始まろうとしている戦争について「どうでもいい」と言う新聞社の幹部の顔を思い出しながら、今は戦争に関心があってもやがて忘れていって、いずれ自分もこの人のようになっていくのではないか、という不安にかられました。忘れないためには、まずは自分との関係性をつくってしまうのが一番いい。そうすれば、取材対象としている地域との関係性を意識しながら地方紙の仕事に取り組んでいけるのではないかと考えました。

藤原 そのあとすぐに、信濃毎日を退社していますよね。

安田 当初はそんなつもりではありませんでしたが、イラクから帰ってきて、そこで取材したことを記事にするため企画案を出そうとしたら、そんなのは必要ないと言われて書かせてもらえなかったんですよ。「長野県と関係ない。イラク戦争なんかどうでもいい」と言われたのはそのときです。しかし、「どうでもいい」と言いながら始まれば大騒ぎし、八月になったら「戦争はよくない」とお決まりのように書くことはわかりきっていて、その中に居続けようという気持ちにはなれませんでした。それで二〇〇三年の一月に辞めました。

藤原 アフガニスタンとイラクでの取材内容は、どこかに発表しましたか。

安田　アフガニスタンについては信濃毎日の夕刊に。イラクについては、もう時効だと思うので言いますが、雑誌にペンネームで書きました。バレたら処罰されるでしょうけど、今から思えば、そうやってうまく立ち回る方法もあったかと思います。それでも、戦争そのものを見たいという気持ちが強くなっていったので、とにかく行こうという気持ちのほうが強かったですね。

自分で落とし前をつけるために

藤原　フリーになって当面は、イラク戦争を追いかけるつもりでしたか。

安田　しばらくは現地を取材して、本にまとめて、そこでまた考えようと思っていましたが、開戦から一年が過ぎた二〇〇四年四月、前述したようにイラクで拘束されました。

バグダッドの西に六十キロほどのファルージャで米軍が包囲攻撃をしていて、一週間で七百人を超える死者が出ていました。その中を三人の日本人が通過しようとして拘束され、自衛隊撤退を要求する人質にされ、日本メディアは大騒ぎになっていました。当時バグダッドにいた私は関連の記事を日本の新聞に書いていたのですが、事件の背景は現地で起きている戦争であるにもかかわらず、そのことはあまり語られていませんでした。取材したバグダッドのイラク市民からは「日本人三人は無事でいてほしいと思うが、七百人も殺されているイラク人のことはどう考えるのか」と言われました。

やはり現地の状況を取材しなければならないと考えて周辺を探っていたのですが、バグダッドの西に三十キロほどのアブグレイブで地元住民から「これ以上行くな」と言われて「どこまでなら行けるのか」などと交渉しているうちに疑われて拘束されたわけです。

単なるスパイ容疑による拘束で、何かの要求や交渉を伴うものではなく、三日後には解放されました。拘束中は近所から子どもたちが見物にやってきました。間違いなく地域住民です。この程度の拘束は紛争地ではよくあることで、通常であれば、メディアで報道されるようなできごとではありませんでした。

しかし直前に日本人人質事件が発生し、三人はまだ解放されていなかったということで「また人質」と報道され、実態とはかけ離れた大きな騒ぎになってしまいました。「人質だったということは、相手は〈アルカイダ〉だ」「ということは身代金が払われたに違いない」と、デマがデマを呼ぶ状態でした。

身柄の代わりに何かを要求される「人質」と、ただ拘束されるだけということには決定的な違いがあるのですが、その違いについてはわからない人が多いです。何の声明もなく、要求が出ておらず、スパイ容疑の尋問を受けた翌日に帰されるまでのたった三日で身代金交渉なんかあるわけがないのですが、一度「人質」と書かれたら、いくら事実関係を説明してもそれを払拭《ふっしょく》するのは難しいという現実を思い知らされました。

藤原　のちに安田さんが私との会話の中で、「あの人質報道騒ぎがなければ、フリーのジャーナリストを続けていなかったかもしれない」と話すのを聞いたことがあるんですが、それはどういう理由から出た発言だったんですか。

安田　結局、大騒ぎしたにもかかわらず、真相を検証しようとする人は誰もいませんでした。実際はどういう背景で起きたどういうできごとだったのか、事実を明らかにする作業は自分でやるしかないんですよ。誹謗《ひぼう》中傷もあったし、侮辱もされました。気にしなければそれまでかもしれないですが、私の場合は、自分で落とし前をつけるしかないと思ったわけです。

藤原　その翌年あたりから、イラクの治安は急激に悪化しましたね。

安田　二〇〇五～二〇〇六年あたりですね。そのころは同業者もほとんどイラクに入っていなかったし、日本政府もイラク側に働きかけて、日本人に行かせないようにしていましたね。

「フリーだからできること」を

藤原　でも安田さんは、二〇〇七年に意外な方法でイラク入りしました。

［注］安田はイラク軍基地の建設現場に、出稼ぎ労働者として潜入した。基地内の料理人として一年間働きながらこっそりと取材を続け、その体験を『ルポ　戦場出稼ぎ労働者』（集英社新書）にまとめている。料理人というのは潜入のための口実で、実際にキャリアがあるわけではなかった。

安田　そのころは一時より少しましになっていましたが、それでもイラクに入るのが非常に難しい状態でした。新聞社やテレビ局などのメディアはほとんど入れなくなっていました。しかし、それなりに充実していた新聞記者を辞めてフリーになった以上は、フリーの立場でなければできないことをやろうと思いました。

組織であるかフリーであるかは、手段の違いでしかないと思っています。組織であっても、記者の仕事というのは、結局個人でやるわけです。各人の問題意識と感覚を頼りに、興味を持った問題を追いかけてそれを記事にする。本来は、誰も手をつけていない、誰も見ていないものを見つけ出してくるのが記者の仕事で、ほかの人と同じことをやっても意味がない。

他人が知らないものということは、その時点では他人には意味も価値もわからないわけで、それを記事にして、読んでもらうことで初めて理解されるのです。だから組織の中であっても、記者の仕事というのは孤独な作業で、先輩記者からも、記者というのは個人事業主みたいなものだと言われていました。

組織に属するのとフリーで活動するのと、どちらが偉いということもないし、フリーであることにとくにこだわりがあるわけではありませんでした。ただ、イラクの人質騒ぎがあってからは、もう自分は組織には入りにくいだろうと思い、それ以降は「フリーだからできること」をずっと意識してやっています。

藤原　安田さんに強く感じるのは、自分に課した職業意識の高さです。新聞記者だったら、取材に行くからには最低でも何か一本書いて形にしなければいけない。当然、いい加減なものは書けない。自分の発表するものに対する責任感の強さ。

あと、フリーの人たちってクセのある人とか、やたら気難しい人が多いんですが、安田さんはあまりそういうところがない。

安田　フリーになってから出会った人たちが、いい意味であまりにも異常だったから、その異常な人たちの中で認められたいっていう気持ちはずっとありました。『ルポ　戦場出稼ぎ労働者』を出したあたりから、周りからの見られ方、使われ方がちょっと変わってきたなという自覚はありました。

藤原　フリーランスの宿命として、取材にはいつもビザやプレスカード（取材許可証）の問題がついてまわります。大手メディアに属していないとプレスカードが取れないとか、取材地に入るところで門前払いをくらってしまうわけです。

それで取材をあきらめることも当たり前にあるなか、安田さんの潜入取材は衝撃的でした。入れないからとあきらめるのではなく、こんな方法を見つけ出したんだと。本気さを見せつけられた気がしました。ビザとかプレスカードとか、駆け出しのくせに一人前のジャーナリスト気分になって調子こいてるな、怠けてるんじゃないよと、自分に何か突きつけられている思いがしました。

安田　ビザが取れない、プレスカードがもらえない、っていうのが、現場に入れない言い訳みたいになっていましたよね。

新聞記者をやっていたときに感じていたことですが、新聞記者って実は人の話を聞いているだけで、すでに人がやっていることを書いているんだなと。新聞は本来、新しい話が書かれたもののはずなんですけど。新聞記者は、取材相手が経験したことや解説することしか知らない。実は誰よりも、ものを知らない人なんですよ。

だからこそ、自分で体感したい、自分の目で見て経験したいという思いは強かったですね。労働者として行くという手法は、自分自身で経験したいということから出てきた発想です。

藤原　料理人というのがまた意外な。

安田　最も労働がきつくて報酬が安いのは建設労働者で、これを希望したのですが、労働者斡旋《あっせん》をしているブローカーから「インド人やネパール人のほうが体力あるし十分だ」と言われて門前払いでした。そうなるとほかの職種になるわけですが、技能が必要になる。でも新聞記者ってつぶしがきかないじゃないですか。現地で募集が出ていた仕事の中で自分のできそうなものが料理人だったんです。

それでも「スパイかもしれない」などと言われて断られ続けましたが、小さな規模の現場で主に欧米人向けに料理をする仕事が見つかりました。欧米人は日本食が好きな人も多いので、「すしを握れる」とか適当なことを言って売り込んで採用されました。ブローカーを二十～三十軒回り、仕事が決まるまで三か月かかりました。

もしトラックの運転免許を持っていたら「戦場イラクのトラック野郎」みたいなキャッチフレーズもいけたかもしれないけれど、トラック運転手で入っていたら死んでしまう確率はかなり高かったでしょうね。襲撃されて人質にされたトラック運転手もけっこういます。人質にされたインド人を取材しましたが、インド政府が雇い主に圧力をかけて身代金を払わせました。さらに政府関係者や一般人から見舞金まで出ていた。私の契約も、業者が安全への責任を負うことになっていましたが、日本人だったらこうはいかないでしょう。

藤原　路肩爆弾とかもあるし、トラック運転手は襲撃される可能性が高いですからね。

安田　料理人がベストだったとも言えないですけどね。ただ、料理人だろうと何だろうと、間接的に軍に加担することになるので、そこに参加することはどうなんだろうという躊躇《ちゅうちょ》がありました。

私が入った場所はイラク軍の基地建設現場であって、復興事業の一環だったから、まだいくらか説明はしやすいかなと思いましたが、戦場出稼ぎ労働の実態を見るためにはやはり米軍基地を見ておくべきだったと、あとから思いました。

在日コリアンとの関わり

藤原　私の戦争への関心のはじまりは、小学生のころに読んだ「少年版・太平洋戦争」シリーズで、山岡荘八《やまおかそうはち》の作品です。それを読んで旧日本軍に興味を持ちました。

太平洋戦争は真珠湾攻撃から始まるので、本の序盤はもっぱら海軍の話で、日本軍は優秀だなあと感心しながら読んでいたんですが、その後シンガポール陥落があって、徐々に場面は陸軍の話へと変わっていくわけです。でも戦争が進むにつれ、「これは負けるために戦争やってるのか？」と気持ち悪くなってきた。補給もなければ後方支援もない。全滅を玉砕と言い、撤退を転進と言う。精神論しかない。小学四年生くらいだった自分にも不思議に思えました。

読み進めるうち、なんで日本軍はこんな愚かな戦い方をしたのかと、周りの大人に聞いて回りました。でもきちんと答えてくれる人はいなかった。戦争のことなんて関心がない、終わったことを蒸し返さなくてもいいという空気を大人たちの態度から感じました。

では戦争に反対する人たちはどうなのかと、安保闘争や共産党の本を読んでみたら、これもやがて内ゲバなどの闘争の話とかになっていって「右翼と左翼って根っこは一緒なんや」と思いました。それからはイデオロギーとか、戦争について考えるのがアホらしくなってしまいました。

しかし中学生のころには、パレスチナ・ゲリラとイスラエルとの戦いが起きました。まだ〈ＰＬＯ〉（パレスチナ解放機構）の拠点はベイルートでした。

［注］一九八二年、イスラエル軍がレバノンの国境を越えて侵攻し、〈ＰＬＯ〉の拠点があ

ったベイルートを攻撃した。これにより、ＰＬＯは拠点をレバノンからチュニジアに移した。

当時、新聞にはパレスチナに関する記事がしょっちゅう載っていて、いったい何が起こっているのだろうと考えていましたが、よくわからなかった。やがて日本はバブル期に突入し、自分もおもしろおかしく過ごすうち、そうしたことはすっかり頭から消えてしまっていました。

私は大阪の出身ですが、二十歳のころに地元で在日コリアンの人たちと関《かか》わりました。同じ大阪に住んでいる彼らの存在は知っていましたが、実際は自分には何も見えていなかったことがわかってくる。彼らと関わるうちに、「国や民族とは何か」ということを考えるようになった。それで、その問題が顕著に出る場所に行ったら何かわかるんじゃないかと考えて、そのとき思いついたのが、中学生のころに気になっていたパレスチナでした。

［注］パレスチナは、ヨルダン川西岸地区と東エルサレム、ガザ地区からなる。一九四七年、国連総会がパレスチナ（もとは現在のイスラエルとその周辺地域）をアラブ国家（パレスチナ）とユダヤ国家（イスラエル）に分割する決議を採択したが、その領土分割を不服とするイスラエルが一九四八年に建国を宣言し、第一次中東戦争が勃発したことで混迷が深まり、多くのパレスチナ難民を生むきっかけとなった。一九九四年から「パレスチナ自治区」となって自治政府（大統領はＰＬＯ議長が兼任）が存在するが、イスラエルとの

パレスチナ（破線で囲んだ部分）

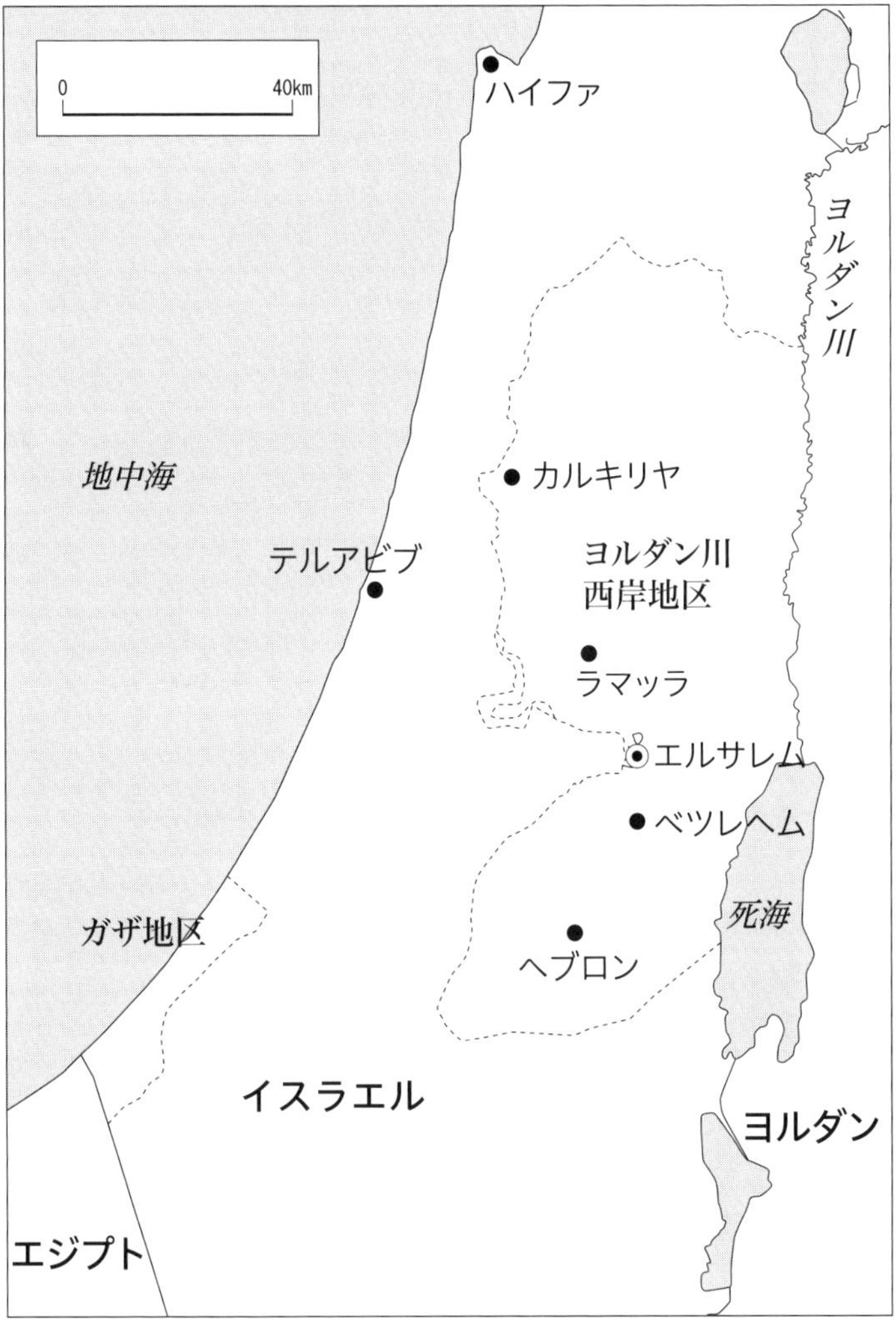

衝突が断続的に続いており、解決の道筋は見えていない。

安田　それから紛争地を訪れたり、写真の勉強を始めたりするわけですね。

藤原　二〇一六年に上梓した本（『ガザの空の下』dZERO）の中に在日コリアンの話を入れているんですが、私は子どものときから、日本に住んでいながら、日本人の一般的な価値観の中にいることに違和感を覚えていました。人と違うことをやるとすぐに批判の対象になり、「みんなと同じ」ということがよいとされる。そんな社会が息苦しくて、とても窮屈だった。

ところが、在日コリアンの社会に濃厚に触れたときに、むき出しの感情をぶつけ合うように暮らしている人たちがいることを知って驚いた。そのとき初めて、自分の中で腑《ふ》に落ちる感じがありました。世の中というのは、「違う人たち」がいる世界、いていい世界なんだと。

でも彼らとは生きてきたバックグラウンドが違うから当然、わかりあえない部分がありますよね。わかりあえない部分がある人たちとの付き合い方を、どうやったら知ることができるだろうか。そう思ったときに、いろいろな民族、宗教、考え方がぶつかり合う象徴的な場所である紛争地に何かヒントがあるかも、と思いました。

「ちょっとアフガンに来ない？」

藤原　初めて取材に行ったのは一九九八年です。レバノン、ヨルダン、イスラエル、パレスチナと見て歩きましたが、取材といっても、そのときは何もできませんでした。翌年にはコソボ紛争の取材に行ったんですが、そのとき隣国のアルバニアで偶然、ジャパンプレスの佐藤和孝と山本美香に知り合いました。

〔注〕ジャパンプレスはジャーナリストの佐藤和孝が代表を務め、主に紛争地を取材する独立系通信社。

当時は大阪に住んでいたんですが、このとき「ジャーナリストをやりたいなら、写真をちゃんと勉強したほうがいい」と佐藤に言われました。彼は、「やる気があって東京に出てくるなら友人が写真スタジオをやっているから、そこで働かせてもらえるようにしてやる」とも言ってくれました。

安田　それで東京に出てきたんですか。

藤原　いや、人の言われるままに乗っかるのがいやな性分なので、大阪で一年間写真を習いました。でもそこは心象写真やアート系の写真を撮りたい人ばかりで、結局、東京に出て佐藤さんの友人のところで働かせてもらうことにしたんですが、上京資金を貯める必要があったんで、愛知県でトヨタの期間工の仕事を五か月くらいやってから東京に引っ越しました。

東京に出てきたのが二〇〇〇年で、その翌年に9・11、アメリカ同時多発テロが起きました。佐藤と山本はその少し前からアフガニスタン取材に行っていて、9・11とアフガニスタン情勢は連動している、次に動くのはアフガニスタンだろうということになった。それで彼らは急遽《きゅうきょ》、日本テレビで現地の状況を伝えることになりました。それにはまず中継に必要なテレビ電話とか通信機器とか、機材を現地に持っていく運び役が必要だということで、私に電話がかかってきたんです。

見たこともない長い電話番号からかかってきたなと思ったら相手は佐藤で、「藤原、いま暇か？　ちょっとアフガンに来ない？」といきなり言うわけです。唐突すぎて、「アフガン」をどこかの飲み屋の名前かと思った。それで、「行きますけど、その店はどこですか」と聞いたら、アフガニスタンという国だと言う。「日本テレビに行って機材を受け取って、機械の操作を習って、それを持ってこい」と。

安田　藤原さんは、そのときはもうジャパンプレスに所属していたんですか。

藤原　いや、まだ写真スタジオで働いているときです。そこの社長は佐藤の同級生だし、事情を話せば私を休ませられるわけですよ。

　言われるままに飛行機に乗り、モスクワでアフガニスタンの北部同盟のビザを取ってタジキスタンに飛び、そこで指示を待てと言われました。タジキスタンにはアフガニスタンへの入国をねらう各国のジャーナリストが押し寄せていましたね。

　彼らはヘリポートに何度も足を運んでアフガニスタンに行ける可能性をうかがったり、周辺で聞き込みをしたりしていましたが、私は一人部屋にこもって、ずっと次の指示を待っていました。そのうち佐藤の知人のアフガニスタン人がやってきて、彼らとともにヘリで国境を越えました。

　それから佐藤、山本の二人と約二か月間にわたり現地で過ごしました。

安田　それ以降、ずっと一緒に活動を？

藤原　いえ。翌年の二〇〇二年に私はパレスチナに行っていますが、それはちょうどイラク戦争が始まろうという時期でした。「パレスチナに行く」と佐藤に話すと、「もうすぐイラク戦争が始まるのに、イラクに行かないのか」と言われました。「おれはおれでやりたいのでイラクに行くつもりはないです」と言ったら佐藤はえらく怒っていました。今思えば、私に何かと世話をしてくれていたのだから、彼が怒るのも当然です。
　こんなにイラクが注目されているときにパレスチナに行っている場合じゃないから考え

直してみろ、と言われました。でもイラクについてはすでにたくさん報道されていて、ジャーナリストらの大半はイラクに目が向いている状況でした。大勢の関心が向いている場所より、あまり報道されていない場所があるなら、そこを取材したいという思いが勝ちました。

安田　それで結局イラクに同行せず、パレスチナに一人で行ったんですね。でもそのパレスチナ取材をのちに本にまとめたわけだから、藤原さんの選択は正解だったわけですね。

あのときは大手メディアが現地に入れなかったこともあって、それまで中東の取材などしていない人も集まって、事前にテレビ局と話をつけて、電話レポートをしていた。そういう人たちのほとんどは、そのあとイラク取材はしていないですね。紛争地取材がちゃんと稼げるだけの仕事にならない現状もあるので、仕方ない面もありますが。

藤原　そんな調子でどこにも所属せずにやってきましたが、だんだんとプレスカードの発行の条件が厳しくなり、どこかに所属していないと取得が困難になってきました。その後、私はジャパンプレスに所属することになるんですが、そうすればガザ地区の取材に必要なイスラエルのプレスカードを取得しやすくなるだろうという考えもありました。

第四章　生業としての紛争地ジャーナリスト

湾岸戦争やイラク戦争など、大規模な戦争が起こるとメディアも大きく取り上げるが、戦闘が長引き、日本人の関心が薄れると、報道は激減してゆく。現地では戦闘や抑圧が続き、そこに暮らす人々が置かれた過酷な状況は続いていても、継続して取り上げられる機会は少ない。また、シリア内戦のように、反政府側に従軍するような「前線」に向かうのはつねにフリーランスで、当然ながらそこにはさまざまな危険が伴う。

安田の拘束や、藤原が経験した同僚の死の例を引くまでもなく、紛争地での取材は命がけである。それでもなお、紛争地の取材を続けるのはなぜか。先進諸国では、紛争地ジャーナリズムの役割が評価されているにもかかわらず、日本ではむしろ否定されているといえる現状を、当事者の視点で語る。

二人の出会い

藤原　二〇〇五年、東京新聞の吉岡逸夫《よしおかいつお》さんが、二〇〇四年のイラク人質事件を追ったドキュメンタリー映画を公開しました（『人質　メディアは何を伝えたのか』吉岡逸男監督・撮影、安田も当事者の一人として出演）。その映画で安田さんを見たのですが、すごい顔をしている人だと思いました。

安田　あれは飲みながらしゃべっているから。

藤原　いや、人間を信用しなくなった野犬みたいな顔をしていると思った。世間からいわれなきバッシングを受けて、反論の機会もない状況に立たされたら、人はこんな顔になるのかと。そのときから安田純平というジャーナリストがなんとなく気になっていました。

安田　実際に出会うのはもっとあとでしたね。

藤原　二〇〇九年に、パレスチナ取材をやっている小田切拓《おだぎりひろむ》さんらと小さな画廊でトークイベントをやった際に、安田さんが見に来てくれましたね。ああ、この人が安田さんかと。連絡先を交換して、それから何度か会う機会がありました。

安田　その後、私が二〇〇九年から始めたニュースサイトの仕事で人が足りないということで、藤原さんに加わってもらった。それから毎日向かい合わせで仕事しましたね。

藤原　私がその仕事を始めたのが二〇一〇年の七月くらいかな。それまでやっていた仕事がちょうど途切れたので、一緒に働かせてもらうことになった。

安田　次から次へと入ってくるネットニュースに見出しをつけるという、七時半から十五時半までの時給制のアルバイト。藤原さんに加わってもらって人数を増やすことで、シフトを組みやすくして、休めるようにしたんですよ。それで取材に出る時間をつくろうということです。

藤原　十五時半まで作業して、それからよく二人で飲みに行ったんだけど、十八時にならならないと開かない居酒屋をむりやり早く開けさせたりしてね。早く飲み始めたからといって早くお開きになるわけでもなく、終電近くになったり、終電を逃してマンガ喫茶に泊まったり。

そんなことが、安田さんが二〇一五年にシリア取材に出かけるまで続きました。そして安田さんは拘束されてしまうんだけど、その間に安田さんについて語られるたくさんの批判や擁護、あるいは評論じみたことなどを目にすることになって、紛争地取材という仕事について改めて考えさせられました。

堂々と意見する「戦争を知らない人々」

安田　外国で人質になった人がバッシングされるのは今に始まったことではないし、日本がそういう国、そういう社会だということは承知していました。

日本では、政府がほとんど何もしないことと社会のバッシングとはセットになっている。二〇〇四年のイラク人質事件で家族を含めたバッシングが起きた背景には政府からの仕掛けがあったし（前述、40ページ）、政府が最も力を入れたのは、自作自演を疑っての国内での身辺調査です。メディアもネットもその路線に乗りました。社会、すなわち政府の支持者がバッシングしているなら、政府も支持者が望まないことをわざわざしません。自衛隊派遣をめぐって与野党が対立していましたから、当時の自公政権としてはそちらに誘導することをねらった。イラクの話ではなく、日本の中の話に終始したわけです。

救《たす》けてもらうことを前提にしていないんだから、ほっといてくれてかまわないわけですが、後藤健二さん、湯川遥菜さんが殺されたときは「身代金を払ったらまた同様の事件が起きるから、払わないのは当然だ」と言っていた人たちが、私が帰ってきたら今度は「政府は救けなければならないのだから、身代金が払われた」という話に変わっている。バッシングは想定していたけれど、あまりにもデマが多すぎる。紛争地というものをまったくわかっていない人が、知らないのに好き勝手を言うのには閉口しました。

藤原　危険な場所に行くなら護衛をつけて入るべきだ、なんて言う人もいた。

安田　シリアに護衛をつけて入っている人なんて、一人もいないでしょう。シリア軍と戦っている人たちが怖がって襲ってこないくらいの護衛っていったら、何十人の兵隊と装甲車、何かあればすぐに戦闘機かヘリで援護に来るぐらいの軍隊レベルの体制が必要でしょう。

藤原　紛争地によっては、護衛をつけていることで敵だと思われてしまう場合もある。それに、数人の護衛をつけたところでシリアでは役に立たないし。

安田　それこそ自分が武装勢力になって攻め込むことになってしまう。

対立の背景や構図によって紛争地の状況はまったく違う。イラク戦争の場合は支配地域が分かれているわけではなく、米軍はそこら中にいたし、武装組織も隠れていてどこにいるのかわからないような状態だったから、護衛をつけての取材ということもあったけど、シリア内戦で反政府側地域に護衛をつけて入るというのはありえません。

テレビの情報番組なんかだと、専門家じゃない人、紛争地をまったく知らない人に見解を言わせるじゃないですか。橋下《はしもと》徹《とおる》さんが、「紛争地の取材は必要である、でも護衛をつけるという方法もあったんじゃないか」と言っていましたが、必要性を認識したうえで方法論の話を提起する趣旨はいいとして、シリアで護衛をつけるというのは完全に間違いです。そもそも具体的な方法についてはこの分野の専門家ではない彼に聞くことではない。聞かれれば答えざるをえないから、聞かれるほうだって内心では困っていると思いますよ。しかし、影響力のある人が言えば、間違った話でも社会に浸透してしまう。

藤原　戦争を知っている人がいない中で議論をしているんですよね。

安田さんが解放されたとき、あるテレビ局の情報番組から出演を依頼された。その打ち合わせのとき、プロデューサーが「安田さんについて語るビートたけしさんのコメントを引き合いに話してくれ」と言うんです。山で遭難したら救助された人はヘリコプター代と

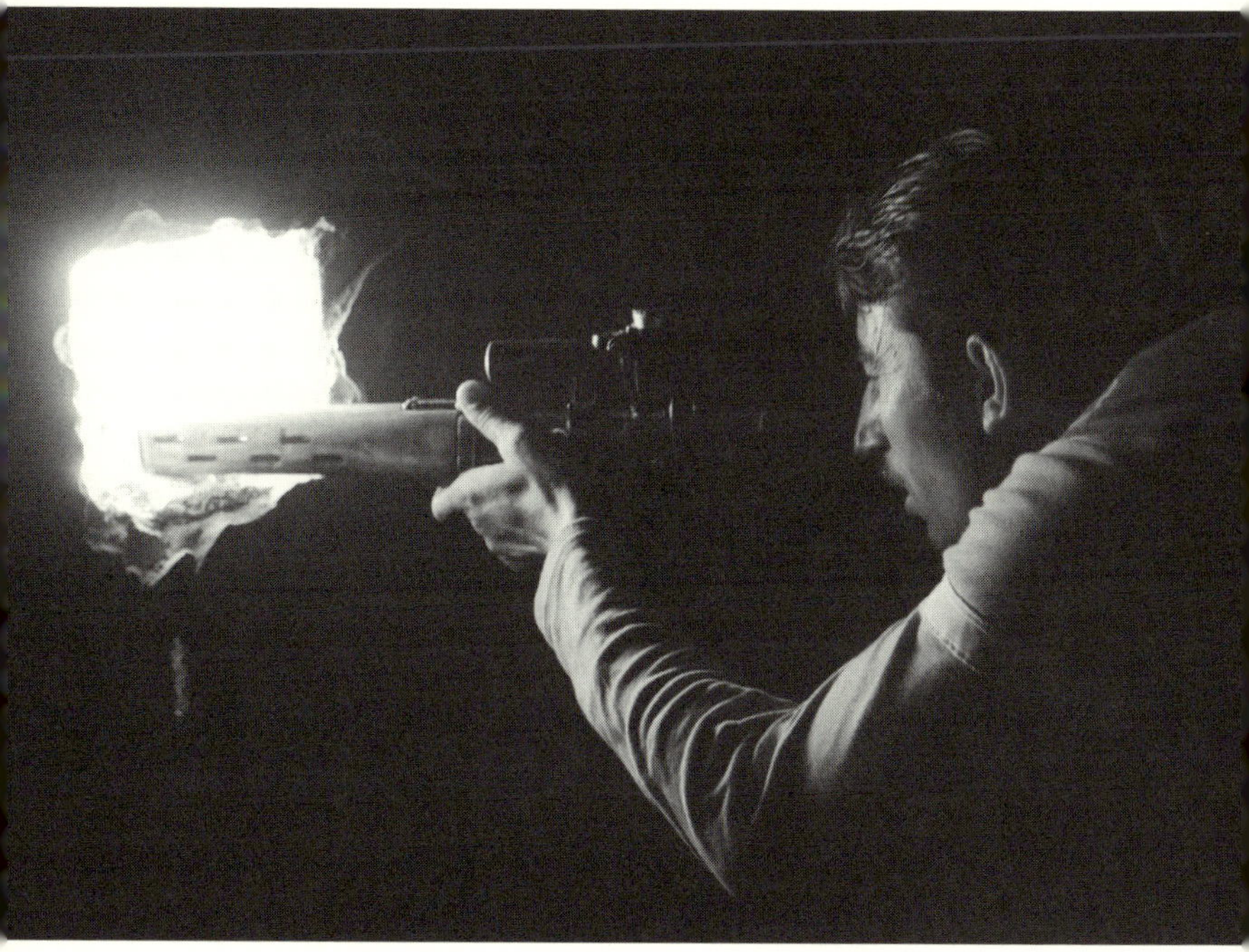

ビルの壁にあけた穴からシリア政府軍部隊をねらう自由シリア軍のスナイパー。取材当時のアレッポ市街は政府軍と政府側民兵「シャッビーハ」、自由シリア軍の支配地域が入り乱れ、いたるところに双方のスナイパーが配置されていた（2012 年 8 月、藤原撮影）

か払うんだから、安田さんも救助された費用ぐらい払わないといけない、というようなコメントです。

私が調べた限りでは安田さんは政府に救けてもらった事実はないから、救助費用なんてかかってない。それに、ビートたけしさんが言う「山で遭難してヘリを飛ばした」場合も、その費用を払うのは民間のヘリを使ったときだけで、自治体や消防のヘリだと費用は請求されない。

安田さんを批判する前提が間違っているんだから、こんなコメントは取り下げてくれと言ったんですが、「いや、それも踏まえてこれをもとに議論を深めてもらえれば」と。ほかにも、何の事情も知らない有名人たちの、「救けてもらった安田さん」「何度も人質になっている人」という設定の批判コメントがいくつも紹介されることになっていた。間違った話をもとに、何の議論を深めるというのか。

司会者や出演者のタレントやお笑い芸人が最初から安田さんをバッシングするための番組構成で、それに反論する「咬《か》ませ犬」役が私一人。議論などするつもりはなく、安田さんを叩《たた》いている人たちに媚《こび》を売るための番組でしかない。番組に出ることで反論ができればと思って打ち合わせを重ねたけど、結局台本が何も変わらなかったので断りました。

安田　議論を深めるといいながら時間的にもまったく足りないし、前提となる知識がないから議論にならない。対立構造をつくって面白がるだけになっています。日本のテレビでは、事情を知らない一般視聴者の感覚と同じことを言ってくれるコメンテーターが重宝されていますが、それでは何の意味もない。ものを知らなくていいんだ、ということを訴える番組になっている。国民の財産である公共の電波を使ってやることではないと思います。

社会から否定される仕事

藤原　それまでツイッターはほとんど見なかったのが、安田さんがシリアで拘束されて以降、つい見てしまうようになっていました。驚いたのは、ジャーナリスト、ライター、編集者、カメラマン、研究者など、同業者やそれに近い人たちまでもが好き勝手なことを言っていたことです。その人たちの意見は批判やただの悪口のようなものもあったし、擁護する声もありました。擁護する声の中には、「安田さんを解放しろ」「政府は何らかのアクションを起こせ」と、まるで活動家のように安田さんをスローガンとして使う人や、政権批判のためにそれを持ち出したりする人がいた。

安田さんは、現地で何かあっても政権が変わりでもしないかぎり、日本政府が動くことはないのを承知で赴いたはずだし、とにかく安田さんのことを放っておいてあげてほしかった。乱暴なことを言えば、その結果殺されてしまったとしても、人間はそもそも致死率一〇〇パーセントだと考えるしかない。自分の主義主張のために安田さんを引き合いに出すのは、勘弁してほしかった。

もし自分が安田さんの立場だったら、ここまで批判や議論のネタにされる息子の仕事を老いた親はどう思うだろうとも考えました。「息子はこんな仕事をやっています」と、親が堂々と人に言えない仕事ということなのか。親も批判され、あることないこと言われるだろうと想像がつきました。自分の仕事は親にも気を遣わせる仕事なのか。

安田さんへの人々の意見を目にしながらあれこれ考えるうちに、そういえば我々の仕事はいくらその成果を発表しても誰も喜ばせることはできないし、誰も笑顔にはならない、誰かの生活や心を豊かにすることもない仕事だな、と思ったりもしました。取材し発表する記事や映像はたいていが、「戦争や社会の不条理」だとか「人間の対立」だとか、「命や自由を脅かされる人たち」とか、それを見た人にとっては負の感情につながるものばっかりで、決して見る人を幸せな気持ちにさせることはない。おれたちがやっている仕事は何なんだ、という考えが頭に引っかかるようになりました。

その間にも紛争地取材に出ていましたが、すっきりしない気持ちから抜けられなかった。とくに二〇一六年から一七年にかけてのイラク軍によるモスル奪還作戦の従軍取材をしていたころですね。前線の取材にこんな低いモチベーションで取り組んでいたら死ぬかも、と思ったり。まあ、行ったら行ったで、スイッチは入るんですけど。

安田　現実問題として、自分の親にさえ、紛争地の取材がなぜ必要なのか、その意味がきちんと伝わらないのが今の日本社会なんだと思う。「そんな場所に行く必要はない」「そんな情報はいらない」と言われたら、もう話にならない。

藤原　我々の仕事には何らかの必要性があると思ってやっているけれど、バッシングなどが起こると、「おれたちの仕事はそこまで否定される仕事なのか」と考え込むことがあります。

「ジャーナリズムの意義」などというご大層なものを掲げてこの仕事をやっているわけではないです。ほかの職業の人と同じように、その仕事においてやらないといけないことをきちんとやる、それ以上でも以下でもないと思っています。ほかのどの仕事でも労働災害は起きます。捕まったり死んでしまったりというのは、我々の仕事においての労働災害だと思っています。だからこそ、労働災害が起きたときに、必要以上に否定されたり、持ち上げられたりするのはどっちもうんざりなんです。

意義があるかどうかは他人が決めることというか、自分のやっていることに意義があるとかは、自分ではあんまり考えないようにしていますね。私たちは表現者ではないから、主語が自分になることはあまりないし、粛々《しゅくしゅく》と、淡々と、現地の人たちの取材を続けられたらいい。

拘束や死だけが注目される

安田　「武装勢力に捕まったりするからいけない。そうでなければ何も批判されないでしょう」という批判を浴びることもあります。「シリアのことなんて何も知らないくせに、知らないで出かけていくから捕まるんだ」とも言われました。シリア内戦を知らず、興味もない人ほどそういう批判をします。

これまで紛争地に足を運び、取材した内容を書籍などの形で発表してきていますが、過去の私のそうした活動を、彼らは知りません。すでにシリア拘束をめぐって私の評価が世間的に決まった状態なので、今から知ったところで批判の材料にするだけでしょうが、それでも知らないとトンチンカンな批判になります。

二〇一二年のシリア取材はテレビの報道番組で発表し、同業者からとてもよい評価をもらえましたが、一般の人はほとんど見ていないでしょう。私が捕まったことは知っていても、その前にシリア内戦の取材をしていたことは多くの人が知りません。

仮に今回のシリアでも拘束されずに普通に取材ができていたら、何らかの形で発表したでしょう。でも果たしてどれだけの人が注目してくれたか、というと、そう多くはなかったでしょう。

皮肉なことに、拘束されたとか、殺されたとか、そういうときだけ話がとてつもなく大きく広がる。注目度合いには一と百どころじゃない大きな差があります。それで紛争地の話にまで関心を広げる人はかなり限られるでしょう。

藤原　山本美香が亡くなったときも大きな話題になりました。でも山本がなぜアレッポで死んだのか、その背景としてシリアで何が起きているかについてはどうか。人々が暮らす街で銃撃戦がいきなり始まって、それに人々が巻き込まれてしまう現実があるということに思いを馳《は》せる人は少ない。一人の日本人ジャーナリストが死んだということしか話題にならない。仕方がないことだけど、人は自分に関係のないことにはいかに無関心か。

安田　もちろん、紛争地取材はとても意義のある活動だ、たとえ注目されなくてもその記録は貴重だ、と評価してくれる声もあります。ただ現実問題として、紛争地の情報を発表できる場は年々減る一方ですよね。もはや仕事として成立させるのが難しい状況です。

紛争地取材の必要性を理解してくれる人がたくさんいれば、私たちの職業は経済的に成立するんでしょうが、残念ながら今はそんな状況ではないですね。もちろん、内容や質が問われるのは大前提ですが。

藤原　原稿料で言えば、雑誌一ページ三万円、よくて五万円とか、そんなものです。映像がテレビで使われたら仕事として成立しますが、雑誌や新聞だけでは仕事にならない。日本で戦争報道だけで食えている人はわずかですね。

　最近は少しましになったけど、以前は取材に行けばたいていは赤字でした。ひどいときは、一回行ったら百万円赤字とか。

安田　それじゃあ趣味だ。一回行って赤字だと、そこでもう辞めちゃう人も多い。

藤原　現場で楽しい話はほとんどないので、趣味と言えるかどうか。

　海外ではまた状況が違いますね。メディアはフリーと積極的に契約して、取材を行ううえでの立場を保証し、取材費のサポートもある。それに帰国後の発表先を確保してくれるエージェントの存在も大きいですね。

安田　私の場合、イラクに料理人として潜入していたときは、宿泊場所や食事は雇う側が用意しているし、料理人としての報酬があったので赤字にはならなかったのですが、それ以外は本業以外のアルバイトで取材費を作って、一年のうち一か月か二か月の取材に出るというスタイルです。

料理人として働きながら取材をしていたイラク軍基地建設現場で、民間軍事会社のネパール人要員に「記念撮影」と称して撮らせた写真。右は同じくネパール人要員。イラク中南部ディワニヤで（2007年8月、安田提供）

藤原　ジャーナリストを拘束して身代金を要求するというビジネスが、とくに〈イスラム国〉が現れてから横行するようになって、フィクサーの仲介やコーディネーター、自分の安全確保のための費用で、以前よりはるかにカネがかかるようになりました。紛争地ではちゃんとしたフィクサーでなければ信用できないし、そうなると取材費は跳ね上がる。

発表の場の変化

安田　紛争地取材をしている人で、本業だけで食べていけている人はどれだけいますかね。比較的活躍している人でも、ほかの仕事と掛け持ちしているのが現実ですね。それに、そもそも現場に入るのが大変すぎて、取材すること自体が難しくなっている。

発表の場が少ないこと、現地のリスクが大きすぎること、費用が高くなっていること、そして何か起きたときの社会的制裁のリスクが甚大《じんだい》なこと。取材が成功したときに得られるものはわずかですが、それに比べて、拘束されるなどした場合のマイナスの効果があまりにも大きいので、やろうという人が減っていくのは当然でしょう。

藤原　社会的制裁については、安田さん以外はあまり実感を伴って考えていないと思うけどね。

この仕事を始めたころはまだネットメディアがなかったし、記事は新聞か雑誌に売るしかなかったでしょう。私は、四十七都道府県すべての地方紙に電話して売り込んだりしていました。共同通信に持っていってしまうと地方紙に配信されるので一回で終わってしまうから。雑誌も一般誌だけでなく、女性週刊誌や旅行雑誌、鉄道専門誌にも売り込んでいました。以前は今よりも関心を持ってくれる編集者がたくさんいたように思うし、雑誌も売れていたから誌面に余裕があったのかな。

安田　テレビは門戸がきわめて狭いので、その業界の人を通さないと売り込みすら難しいですね。雑誌はいきなり電話をかけても話を聞いてくれるし写真を見てくれるので、紙媒体のほうが新人には入っていきやすい。以前は週刊誌のグラビアページで戦場ものを扱うこともよくあった。イラク戦争のころはまだ発表する場所がそれなりにあったから、減ってきたのはそれ以降ですね。二〇〇〇年代後半に月刊誌がかなり消えていって、週刊誌はそういうものをあまり扱わなくなった。

それまでは、まずは「フライデー」のような写真週刊誌で発表できるのが一番よくて、次いで「週刊朝日」などの週刊誌に記事を書くという感じ。そのうえで、もっとまとまったものを月刊誌に書く。それを繰り返して本にまとめる。これが理想のかたちだと、先輩記者から教わりました。今はそういうサイクルをつくるのが難しいですね。

藤原　以前は現地に長く滞在して何本かのストーリーを取材し、それを持ち帰って複数の雑誌と新聞に掲載されることでそれなりの収入にはなりましたが、今は雑誌自体が少なくなってしまったし、残っている雑誌も戦争取材を取り上げることは少なくなった。前もって記事掲載の話をつけることも今はなかなか難しいですね。

安田　そうですね。テレビでも、以前は前もって枠をもらってから取材に行くというパターンがけっこうあったそうですが、二〇〇四年ころから徐々に「いいのが撮れたら買います」という体制に変わってしまった。いいのが撮れたら買うなんて当たり前の話ですけどね。イラク人質事件があってからは、事前に契約のようなことをしてしまうと、現地でその人に何かあったら自分たちが批判される、ということで、事前に話がつくということはほとんどなくなりました。

ただ、伝える場所の減少は深刻な問題だけれど、たとえば今は講演会の告知がネットでできるので、本当に知りたいと思っている人たちとつながることが、昔と比べ簡単になっていますよね。伝える手段についても、従来とは違う方法があるのかなと感じています。

藤原　ネットニュースをメインに発表している人も多いですね。雑誌系で書くのとネットで書くのとでは、原稿に編集の手が入るかどうかという違いがあって、ネットニュースだと、ほとんど編集の手が入らずに書いたまんまの原稿ですよね。

安田　確かに、好きに書いていいですよというところも多い。媒体によると思うけど、一応編集者が見てある程度のチェックは入るとしても、そんなに厳しくは入らないですね。第三者である編集者のチェックが入ったほうが質は上がると思いますけどね。あとはネットだと、ＰＶ（ページビュー）の数字によって原稿一本あたりの単価が変わるようになってきましたね。

藤原　自分が書きたいように書けるネットでたくさん書きだしたら、調子に乗りそうで嫌なんです。無意識のうちに記事に甘さが出たり、自分の観念が肥大してしまったり。だから、編集者のチェックがしっかり入るところでやりたいなと。

ネットで発表するのもいいけれど、それなら講演や大学などの講義で直接話しかけたいという気持ちが強いですね。話しかける場を作って、情報を求める人にもっと訴えかけていく。地道なやり方かも知れないけど、回数をこなしていけば大勢に伝えることができると思う。

安田　紛争地取材の先輩にこんなことを言われたことがあります。

「情勢は日々刻々と変わっていく。情勢を今この瞬間の情報として伝えることももちろん重要だけど、それとは別に、五十年先になっても残るようなテーマを取材して発表していくことが必要だ。大手メディアはそういう今の情勢を報道することが必要だけど、フリーランスは下請けじゃないから、自分の視点や手法で取材をしないとだめだ」と。

そういう意味では本というのは五十年後、百年後になっても残っていくものなので、仮に今求められていないとしても、その記録がのちのち非常に貴重なものとなったりすることはあるでしょうね。

第五章　「自己責任論」と向き合う

武装勢力により拘束され、政府に迷惑をかけ世間を騒がせたとして、安田は激しいバッシングを浴びた。日本と諸外国では、人質事件に対する政府の対応や社会の認識に大きな違いがあるが、日本ではそのことはあまり知られていない。事実が検証されないまま、デマがデマを呼び、政府が身代金を払ったに違いないと多くの国民が信じ込んだ。安田への非難は、「自己責任」という言葉が後押しをするかたちで増幅していった。

誤報に影響された人質事件

藤原　武装勢力が人質をとって身代金を要求する行為が目立ち始めたのは、イラク戦争あたりからですね。その後〈イスラム国〉が積極的にやり始めて、ほかの武装勢力もそれをまねた。武装勢力だけでなく、人質ビジネスを生業《なりわい》にしている犯罪集団も出てきました。

安田　シリアでは何しろ、シリア政府が身代金誘拐《ゆうかい》のようなことをやっていますからね。反体制的という疑いをかけて捕まえて、刑務所に放り込んで家族から裏金をせしめて解放する。あるいは拘束しているあいだに、その人の財産を盗《と》ってしまうというのもある。

シリアの反政府運動が始まったのは二〇一一年三月、〈イスラム国〉に殺害されたアメリカ人ジャーナリストのジェームズ・フォーリー（イスラム国によって最初に殺害されたアメリカ人）が拘束された時期が二〇一二年十一月。拘束の発端は定かではないけれど、〈ヌスラ戦線〉が〈イスラム国〉と決別したのが二〇一四年一月ごろでしたから、どちらの組織に連れていかれたかが運命の分かれ道になったのか。二〇一五年に拘束される前に入手していた〈イスラム国〉の資料には、〈ヌスラ〉から解放されたスウェーデン人の公開されていない人質映像がありました。

［注］〈ヌスラ戦線〉と〈イスラム国〉は、もとは同じ〈アルカイダ〉系。〈イスラム国〉側で人質に取られた人の多くは殺害されているが、〈ヌスラ戦線〉では人質の扱いが〈イスラム国〉とは異なると言われている。

藤原 シリア内戦の反体制派の組織は、最初はジャーナリストを積極的に受け入れていましたね。でも〈イスラム国〉や〈ヌスラ戦線〉の台頭、戦況の悪化などにより、その余裕がなくなっていった。なかにはジャーナリストを捕まえてカネを儲《もう》けたほうがいいという考えを持つ組織や、ギャング化していった組織もありました。

安田 二〇一五年に拘束されたのも最初はスパイ容疑でしたが、容疑が晴れるまでの過程で彼らは、二〇〇四年のイラクでの私の拘束が「人質」と報道されていたことを知り、「人質だったということは日本政府がカネを払ったのだ」と考えました。これは彼ら自身から言われたことです。〈イスラム国〉が後藤さん、湯川さんを殺害したすぐあとだったにもかかわらず、うまくやれば日本政府からもカネを取れると思ったわけです。二〇〇四年の拘束では、要求すらなくて身代金の支払いなどなかったことは間違いないにもかかわらず、「人質」と誤報されたことが、本当の人質にされた原因になりました。

藤原　「もしも取材先で拘束されたら」という話を安田さんとしたことはなかったけれど、仮にそういうことが起こったとしたら、安田さんは絶対に救《たす》けてもらいたくないだろうと考えていました。二〇〇四年のイラクでの拘束のときに、日本政府に救けられたという濡れ衣を着せられたことで、世の中がどんなに厳しい反応を示すのか、安田さんは誰よりもわかっていたでしょうし。

だから「安田さんを救けなくていいのか」という趣旨のシンポジウムに登壇者として呼ばれたときに、私は壇上で「何もしないでほしい」と話しました。

日本政府が介入して解放されることは今の方針の中ではまずありえないでしょうし、仮に政府が動いたとしても、政府によって救けられた人をそっと受け入れる寛容さが、日本の社会にはありません。人質事件に限らず、不祥事や事件、事故で国や社会に迷惑をかけたと「認定」された者に対して、日本社会がいかに容赦ないか。それは多くの事例が証明している。安田さんの解放に政府が動かないのは、政府の方針であると同時に、日本人や日本社会の性質でもあるでしょう。だから「何もしないでほしい」と言ったんです。

もちろん、そうはいっても政府は何らかの対応を取らざるをえない。誰かが拘束されたときに政府が動くことについては、何の異議もありません。ただ、安田さんや私に関しては、政府に対してこちらから「救けてくれ」という働きかけをすることはないと考えています。

安田　企業が解放交渉するのを手助けすることはあっても、日本政府が身代金を払うかたちで救出することは考えられないし、過去をさかのぼってもそうして救出されたと考えられるのはＪＩＣＡ（国際協力機構）のスタッフくらいで、完全な個人については実態としてないです。現地の政府が機能していれば、その国に協力を要請するので、その国が救出するということはあります。一般論としては、救出を目指して可能な限りの対応はすべきです。

　ただ自分がその当事者となると、自分がそれに値するのかとか、自分の行動は許されるのかとか、考えてしまうと思います。もし日本政府が身代金を払う国だとしたら私は、拘束される可能性のあるような現場に入ることに、これまで以上に相当慎重になるだろうと思います。

　とはいえ、現実にはその可能性は非常に低いです。なぜなら、外国で拘束された人に日本政府が身代金を払ってまで救出するようになるには、まず日本社会がそれを政府に求めるような社会になっていることが大前提だからです。そして日本社会でその価値観が醸成されるとしても、相当長い時間がかかるだろうからです。

身代金を払わないのなら、救出のためにできることはほとんどありません。だからアメリカなどの場合は特殊部隊を突入させるわけですが、それでもうまくいくことはなかなかない。ほかに方法があるならアメリカだってそんなリスクは負わないですよ。だから、特殊部隊を外国に突入させる体制のない日本政府が実際にやれていることはほとんどないです。その実態を国民が知ったうえで、その善《よ》し悪《あ》しを判断すべきです。

日本人以外の人質事件では

藤原　アメリカはもともと、先述したように政府も家族も拘束者と交渉してはならないというルールだった。ところがジェームズ・フォーリーが殺されて以降、家族の声によってルールが変わっていった。政府は交渉しないが、家族が独自に行うのは構わない。そういう方針に変わって、同じくシリアで捕まっていたアメリカ人ジャーナリストのピーター・テオ・カーティスのケースでは家族が仲介者を頼って交渉を行い、彼は解放されました。

ただしアメリカの場合は、安田さんが言うように、政府は身代金を払わないものの、特殊部隊を送り込んでの救出作戦は行いました。身代金を払うのと等しいくらいの労力、カ

食事をするシリア反政府側武装組織の家族。シリア西部ホムス・ババアマル地区争奪戦の対政府最前線の手前にあった農作業小屋で。同地区は当時「革命の心臓」と言われ、反政府側が奪還をねらう最激戦地だった（2012 年 6 月、安田撮影）

ネ、人が動いているわけですね。だから日本政府が解放交渉もせず、身代金も払わないというのとは、まったく別のスタンスなんですよ。

安田　特殊部隊を入れて救出を試みるけれど、相手に対価を渡すことはしないという方針ですね。かつては家族であっても交渉したら起訴される、というほどに交渉は禁じられていましたが、ジェームズ・フォーリーの件のあと、家族が交渉するのは認めるということになった。身代金を払うことは今でも認めていないですね。

藤原　仮に、その特殊部隊員が救出作戦によってケガをしたり殺されたとしても、それを含めて受け入れるという社会があったうえでの、身代金は払わないという体制。

安田　そういう社会があって初めて成り立つ話なんですよね。

二〇一九年五月、西アフリカのブルキナファソでフランス人旅行者二人が人質になる事件があって、フランス政府は特殊部隊を入れ、人質は無事救出されたものの、隊員二人が死亡しました。このときフランス国内では、人質となった旅行者に対して批判が起きたんですね。

ところが二〇一三年六月にシリアで人質になったフランス人ジャーナリスト四人については、本人たちが「自分たちの解放にあたって身代金が払われただろう」と、身代金にまで言及しているにもかかわらず、批判が起きていません。旅行者が批判を浴びる一方でジャーナリストが批判されなかったのは、ジャーナリストという仕事、報道という仕事の社会的役割、必要性、公共性が国民に認められているからにほかなりません。

これには、王政の時代からフランス革命を経て民主主義社会を築いていく過程で、国民がものごとを判断するためには国家からではない情報が必要で、民主主義社会には報道が必須であるという認識を社会全体で共有しているという歴史的な背景があります。

だからもし政府がジャーナリストに対する批判的な発言をすれば、メディアからも社会からも反発をくらうことになるし、政府としては社会を敵に回したくないから、あらゆる手段を使って人質を救出するし、彼らが無事解放され帰国すれば、政治家が自ら出迎えるわけです。それが自分たちのアピールになるから。政府と社会は合わせ鏡のような関係になっているんです。

私が帰国した際に、安倍晋三《あべしんぞう》首相やほかの閣僚が空港で出迎えなかったことを批判した人もいましたが、それをやったら日本政府が身代金を払ったかのように見えてしまうからやるべきではないです。河野太郎《こうのたろう》外相からは実家にお祝いの電話があったし、アピールするのではなくて当事者をねぎらうというのは妥当なやり方だったと思います。

本来は政府のあり方を論ずるもの

安田　政府の対応や方針について、拘束された当事者は選びようがありません。自分に選択の可能性があることについては責任が発生するけれども、選びようのないものについては責任の負いようがないです。政府がどのように対応するのか、対応自体しないのかは政府が政府の責任として決めることですから。

イラク人質事件で、自己責任だとして日本社会が人質三人を非難しました。この「自己責任論」の趣旨は、「すべて本人の責任であって、政府には責任がない」という話です。自衛隊撤退を要求されて国内の政治問題になったからそういう話になったわけですが、本人の選択によって行動した結果本人に起きたことについては、本人が責任を負うのは当然の話です。しかし、政府が対応するのか、どう対応するのか、何もしないのか、ということは本人が選べることではなく、政府が決めるのだからこれは政府の責任です。

自己責任論は、「政府が対応する必要はない」という立場から始まった話ですが、それを訴える相手は、それを選ぶことができる政府であるべきで、政府の対応を選べない個人に訴えても、そもそもどうしようもありません。だから「自己責任論」とは本来、本人につきつけるものではなく、政府のあり方を論じる論のはずなのです。

つまり、「自己責任だ」という主張は、「政府は何も対応するべきではない」という主張であり、「自己責任だ」と言うのならば、それを訴えるべき相手は、それを選ぶことのできない個人ではなく、政府であるべきということです。だから、政府が何かしら対応をしたのであれば、それはこの主張に反するのだから、政府を批判するのが筋《すじ》というものです。

二〇一五年にシリアに入る前にこのことをツイッターに書いたのですが、私が「自己責任だ」と主張して政府を批判したと受け取られ、批判の根拠になりました。しかし、イラク人質事件から始まった「自己責任論」は、「人質」報道をされた私もずっと言われてきた側です。その文脈で見れば、「自己責任だと言うからには」というのは、言われてきた私ではなく、「自己責任だ」と言ってきた人たちが主語になるわけです。

帰国後、若い記者から「こんなにバッシングされると思っていましたか？」と聞かれましたが、イラク人質事件で三人とその家族に向けられたバッシングのほうがはるかにすさまじいものでした。二〇〇四年の事件ですから、知らない人や忘れてしまった人も多いのでしょう。「自己責任だ」と私が言われてきた側であるという文脈を知っていれば、このような読み方はしないはずです。過去のできごとを調べればわかることですが、調べて理解したうえで批判しようとは考えないのですね。

他罰的社会の「自己責任論」

安田　「自己責任論」は政府のあり方を論じる論であり、「政府は何も対応する必要はない」と主張する人が、本人には「行くなら自己責任で行け」と言うのなら筋が通ると思います。しかし実際は、同時に「政府が行くなと言った場所に行った」と批判します。「自己責任だから行くな」と言っているわけです。これは矛盾していると思います。本人が選択できなくなったら本人には責任がなくなってしまう。自己責任ではなくなってしまうわけですよ。

自分の行動の結果自分に起こることは自己責任ですから、誰もがすべての行動に対して自己責任がある。だから誰も自己責任の存在は否定しません。しかし、「自己責任論」という誰も否定しない言葉を使いながら、同時に責任を取らせないと言っているわけです。

藤原　自己責任論を持ち出して非難する人たちは、自己責任で行ったくせに安田さんが画像や映像の中で「助けてください」と言ったことを許さないということですね。しかし、武装した集団に拘束されている立場の人間に、何を言って何を言わないかの選択肢などあるわけがない。最初にネットにアップされた「助けてください」と書かれた紙を持った写真の安田さんの表情は、とんでもなく憮然《ぶぜん》としていた。安田さんを知る者はみんな、あの「助けてください」がいかに不本意かはすぐにわかるわけです。

それがいかに不本意であっても生き延びて、帰国したあとに、内戦が続く状況で自分の身の上に起きたことをきっちり検証することのほうがよほど重要であり、それこそがジャーナリストとしての仕事を貫徹するということですね。仮に「言いたくないから」と徹底的に抵抗して殺害されたとしたら、それこそこの仕事をするうえでは本末転倒になる。

でも、自己責任を持ち出して非難する人たちはそんなことはどうでもいいし、考えもしない。ただ人を罵倒《ばとう》するために、意味など理解せず「自己責任」を使っているだけですね。自己責任という言葉を使って人を誹謗《ひぼう》中傷した瞬間、その人間は自らの無知をさらけ出しているということに、気づくこともない。

安田　国民生活において、個人では対応しきれないものについて対応する機関として国民が設けたのが政府ですから、国民に問題が起きたときに何かしらの対応をしなければなりません。身代金を絶対に払わない日本政府の場合は対応の内容はほとんどないに等しいのですが、それでも「政府が何かしら対応しなければならない状況を招いた責任」という言い方をしてくる人がいる。しかし、国民生活のあらゆるものについて対応するのが政府なので、これを言ったらあらゆる行動がこれに該当することになってしまい、何もできなくなります。

結局、「自己責任論」は「責任が発生するような行動はするな」ということなので、行動できる内容は、自分で選択可能なものではなくて、政府や世間など本人以外が設定した範囲でしかなくなってしまう。「自己責任」という言葉を使いながら、実際は「自己責任なんか取れないのだから、政府や世間が認めた範囲で行動しろ」と言っているのが「自己責任論」です。実態としては「自己責任は取らせない論」ですね。

藤原　「お前に責任があるが、責任は取らせない」、つまり懲罰なんでしょう。そしてそれは、自分の言葉に責任を取らなくていい人たちが、他人の責任を批判するときに使う論法ですね。

人はリアル社会で他人と接して話をするときには恥じらいを持ってふるまうのに、匿名の世界に埋もれてしまえば恥じらいが消失する。自分の姿が見えない、何者であるかバレないということは、怖いものがないということですよね。怖いものなしになった人間が見せる行動は陰湿で容赦がない。自分の言葉に、つまり自己に責任を持とうとしない人たちが、「自己責任」で行動することに対して懲罰を加えようとする他罰的社会の中で語られるのが「自己責任論」であるのだと思います。

安田　拘束されているあいだ、「日本政府がカネを払うわけはないし、自分を捕らえていても身代金は取れないのだから、相手はそのうちあきらめて自分を解放するだろう」と思っていました。日本政府の対応うんぬんではなく自分と彼らとのあいだの問題だと思っていたので、彼らの様子を見て、私が殺されるリスクを冒してまで脱走を試みるよりは、相手への対応をうまくやるべきだろうと考えていました。それがこじれて、三年四か月が経過したわけですが、帰ってくれば結局、「政府が身代金を払ったから安田は助かった」という話になっている。後藤さん、湯川さんが殺されたときは「払わないのは当然だ」と言っていたはずなのに。

だとしたら、身代金を取られることもなく拘束者に殺されることもなく生きて帰れそうだと思って行動しても、危険を冒して脱走でもしない限り、日本社会から「無事に帰ってきた」とは認められなかったということでしょう。

拘束中に何度かインターネットに投稿された私のメッセージ動画についても、拘束者から言えと言われたことをそのましゃべらされていたのですが、帰国後、「そんなもの、抵抗すべきだ」という批判があったと知りました。みっともないまねをするな、生きて虜《りょ》囚《しゅう》の辱《はずかし》めを受けるな、つまり抵抗して死ねと言っているわけです。

それこそ、まったく無意味な抵抗にしかなりません。そんな抵抗を私がしたところで、スッキリするのはそういう価値観を持っている日本人だけでしょう。そもそも抵抗したことすら知らされないと思います。後藤さんのときにも、「殺される前に自殺するべきだ」という意見をけっこうな数の人が支持していたけれど、まったく無意味な精神論です。まあ、精神論ですらなくて、ただ死んでほしいと思っただけかもしれませんが。

日本で戦争の話というと必ず精神論が登場します。いかに立派であったか、精神的にタフであったかというように。しかし戦争というのは事実関係を冷徹に判断しなければならないもので、精神論に意味はありません。むしろ害が多い。事実関係よりも精神論を重視する日本人は戦争に向いていないと、つくづく思います。

「自己責任」から「責任剝奪」へ

藤原 二〇〇四年にイラクで拘束されたときは、安田さんは自力で解放され、かつ自費で日本に帰ってきたにもかかわらず、記者会見までする羽目になりましたよね。あのときに突きつけられた「自己責任論」、バッシングと、今回では何が違いますか。

安田 「自己責任論」やバッシングの根底にあるのは迷惑論なので基本的には同じですが、以前よりもさらに踏み込んだ内容になっています。

前回は先に人質にされた日本人三人へのバッシングがすさまじかったので、私へはそれほどでもなかったと思います。あのときはその三人に対して、解放の条件として自衛隊撤退が要求されました。それに対して、自己責任だろう、政府には責任がない、政府が要求に応じるべきではないという世論が湧《わ》き上がりました。

しかし、三人が解放されると、「政府に救《たす》けられた」「何億もカネがかかった」「賠償請求しろ」という話になりました。解放までの経緯をいくら話して身代金の支払いがありえないことを説明しても、「政府が救けたに違いない」と多くの人は思っている。この点は今回も同じですね。

政府は万能であり、政府が最大最良の行動をとって最大の効果を上げたと信じる点も同じですね。それを裏付けるような事実関係が何もなく、むしろ否定するような事実しかなくても、無条件で信じるわけです。

イラクのときは、本人たちと家族を徹底的に叩《たた》き、政治的には何ら影響はないかたちで終息していったこともあり、渡航規制の具体的な動きにはならなかった。三人にも私にも普通にパスポートが出ましたし。たとえばイラクのビザが出ていたのに、日本政府からの働きかけで取り消される、ということは起きましたが、裏で操作していただけで、表向きはそうした規制はしていないことになっていた。自衛隊を派遣していたし、紛糾するような新たな話を追加することはしたくなかったのでしょう。まだ野党に力がありましたし。

しかし、二〇一五年の後藤さん、湯川さんの事件以降、外務省が旅券返納命令を出すようになりました。「退避勧告の出ている場所に行くのなら自己責任だ」という話だったのが、そもそも行かせないという実力行使をするようになった。政府の判断で、本人が選択できない状態にするわけですから、自己責任ではなくて、完全に政府の責任によって規制するようになったということです。

「自己責任論」と言いながら実は「自己責任など取れないのだから政府の認めた範囲で行動しろ」という「自己責任は取らせない論」が定着し、さらに進んで、政府責任において規制することになった。それに対して、国民の側に抵抗感がなくなったということがイラクのときとの違いだと思います。

貧しいのは本人の努力不足だ、といった「自己責任論」は、二〇〇四年にはすでに言われるようになっていました。たとえばその後、本来なら生活保護を受けられる人でも受けない人も多いので受給率は低いままだし、生活保護基準の切り下げもされた。政府には責任はない、自分だけが責任を負うべきだ、といって自粛する意識は日本社会により浸透したと思います。

国民の生活を守る制度はいろいろなかたちで変えられて収縮していく方向にあって、これは政府の責任を免除する方向の動きですが、旅券返納命令は、自粛しない人間への個別的な制裁ですね。政府の責任の免除ではなくて、完全に政府の責任において本人の責任を剝奪《はくだつ》する。もはや「自己責任論」ですらなくさらに先に進んでいるのですが、これについても「当然だ」と思う感覚はかなり広がっていると思います。

自粛させようとする圧力

藤原　安田さんは現在、日本を出ることができない状態ですね。

安田　シリアで拘束者にパスポートを奪われたため、帰国後にパスポート再発行の申請をしましたが、正式に発給拒否されました。出国禁止状態にあります。

外務省が言っている理由は、帰国する際にトルコから強制退去になっており、入国禁止処分を受けたからだ、というものです。「一般旅券の発給又は渡航先の追加をしないことができる」とする旅券法第十三条一項の一号「渡航先に施行されている法規によりその国に入ることを認められない者」に該当するということですが、トルコに行くとは言っていないし、世界中どこにも行ってはいけないというのは法律の解釈として無理があると思います。

これについて世間から、当然だという意見があふれました。「騒ぎを起こしたのだから」、あるいは「行けばまた人質になるんだろう」とか、そんな理由らしいです。それは政府ですら言っていないわけですが、国民の側が先に進んでいて、「そもそも本人が自粛すべきなのだ、自粛しないなら渡航禁止で当然だ」というわけです。決まっていた講演が一つ、これを理由に中止になりました。

藤原　彼らが「迷惑」という言葉を使って安田さんを非難するのは、被害者意識をもっているからですね。国に迷惑をかけたということは税金を使われていて、回り回って税金を払っている自分にも迷惑がかかっているという理屈ですね。迷惑をかけたと言うが、身代金が払われたわけでもない。大使館や外務省の職員が動いたといっても邦人保護はすでに予算がついている既定の業務であり、安田さんのことで別枠の費用が発生しているわけでもない。なのに、誰かを「迷惑をかけたやつ」だと決めつけて非難するというのは、自分は世論の側、あるいは正しい側にいると定義し、そこから自分の考えを語ることに、気持ちよさを感じるのでしょう。

自分が正しい側にいるという意識は、ある種の選民意識にもすり替えることができる。選民意識を持ったときの人間は開き直りが激しく、怖いもの知らずの高圧的な態度になりがちです。

シリア政府軍内の協力者から横流しされた銃弾を数える反政府側組織のメンバーと家族。シリア西部テルマラで（2012 年 7 月、安田撮影）

安田　だから日本では、人に迷惑をかけてはいけない、自分で責任を負わなければならないという意識が強く、人に相談したり助けを求めるのが難しい社会になっている。生活保護を受けていい状態であっても、こうなったのは自分の責任だからと受給を自粛してしまう人が多いのも、そういう精神論があるからだろうと思います。

でも本人の責任だけではないんですよ。経済政策や社会情勢など、本人が選択できる範囲を超えたさまざまな要因が重なって、仕事がないとか、長時間働いても稼げないなどという状況に陥るわけなのに、そうした背景は無視されて個人の問題にされてしまう。本人の責任を追及するためには、どこまでが本人の選択の結果なのかをはっきりさせる必要がありますが、それをやると本人の責任ではないものがあることがわかってしまう。だからこそ、責任追及をするのではなくて、本人に自粛させるという精神的な圧力をかける方向に行くわけですね。

藤原　同時に、メディアのことを「マスゴミ」と呼ぶような人ほど、政府に異議を唱えることや「国に迷惑をかける人」を批判し、そしてとてもテレビをよく観ていますね。彼らの反応が同意でも批判でも、そういう人たちにどんなものを見せたら喜ぶかを考えて番組の制作者は仕事をしているわけだから、言い換えればそれが視聴者の観たいものということになる。

イラクの人質事件の何年か前（一九九九年）に、川の中州で、天候が良くないのにキャンプをしていたグループがいて、急に増水した川に流されて子どもを含む十三人が亡くなるという事故がありました。そのニュースが報道されると、親がものすごく批難を浴びたんですよ。「かわいそうに」とか「怖かったろう」とかではなく、真っ先に「迷惑なやつだ」という話になってしまった。子どもを死なせた親の不手際と、消防や救急を出動させたことに対して批難が集中したんです。

安田さんへの批難と同じ構図です。誰かがかけた迷惑に対して腹を立てていいのは、本来はその迷惑をこうむった人だけなのに、自分とは関係のない迷惑にも腹を立てる人たちがいる。自分が正しい側の一員だと仮定することによって、回り回って俺にも迷惑をかけやがってと怒る。正義の発動ですね。

なぜあなたは関係のないことで怒っているのかと問えば、安田さんに対しては「危険なところに勝手に行っておいて、捕まったら俺たちの税金で払った身代金で助かりやがって」となる。身代金は払ってないと政府が否定しているのに、「裏で払ったかもしれないだろう」と勝手に想像している。そして一度想像したことはその人の脳内で既成事実化されて、もはや疑うことはない。ちゃんとした根拠があったうえでなら、批判されるのは構わないし意見が食い違うのもいい。でもそういう人々にとっては、正しいかどうかは関係なくて、自分の正義を満足させられるなら、何でもいいんですね。

さらに、「身代金が払われていないとしても、人が動いただけでカネがかかるだろう」と非難する。これはもう、自分が交通事故を起こしたり病気やケガをしても警察や消防、救急車を呼ばなくてもいい、と言っているのと同じで、話にならない。

迷惑論者というのは、民主主義というものを理解していない人たちだと思います。民主主義は国民が自分たちの生活を維持していくために、国に税金という費用を払って政治や行政を「任せている」システムなのに、多くの日本人は国に何かをしてもらうことを「特別な施し」のように考えている。

だから、日本社会は国にカネを払わせる人を批判する。身代金という特殊なものに限らず、生活保護受給者などにさえも。主権というものが国家や政府ではなく国民にあるとわかっている民主主義を築き上げてきた歴史を持つ社会と、いまだに政府へのお上《かみ》意識の抜けない、民主主義のシステムだけを与えられた社会との違いですね。

安田　国民が政府をつくるのは国民生活を守るためで、政府による保護は税金を払っていることへの対価としてではありません。払えなくなってしまう状況に陥った場合も含めて、それでも生きていけるような社会にするために政府をつくっているわけなので、払った分だけ対価を得るという政府にするなら、それは政府ではなくて民間企業でいいという話になりますね。これはもう国家解体論ですね。

垂れ流されるデマとハッタリ

安田　迷惑論を激化させているのは、明らかにデマですね。

私の拘束の件でも、結局政府が何をして何をしなかったのかについては、まったく検証されていません。当事者である私に対する批判だけが続くわけです。とくに身代金についての報道などデマがもとになったものがほとんどなのですが、それを流したままで検証もしないし、当然訂正もしないから、そのまま定着してしまっています。

二〇〇四年のイラク人質事件では、三人が拘束されているあいだに三人の家族が外務省や政府関係者と会談していました。ずっと「申し訳ない、申し訳ない」とわび続ける家族に向かって「でも政府は何もできませんから」というやり取りがあって、家族が思わず「いや、それはないでしょう」と反応した瞬間の映像だけを切り取られて、それをメディアは何度も繰り返し報じました。これを機にバッシングが広がっていったのですが、もうメディアの意図的な誘導でしかありません。

イラクでの拘束のとき、私はスパイ容疑で三日間拘束されただけにもかかわらず、まず

「人質」だと報道されてしまったことは、前にも話したとおりです。このときイラクには自衛隊が派遣されていたため人々の関心はとても高く、私の拘束は過剰に注目されることになりました。

報道記者らが持っていたのは「拘束された」という情報だけであるはずなのに、紙面に載るまでのあいだに、「他社は人質と書くのではないか」「自分たちだけ人質と書かないわけにはいかないだろう」と、横を見ながら事実をねじ曲げていく。そうしてデマがデマを呼ぶわけです。

そうなると次に出てくるのは身代金の話で、政府が身代金を払ったというデマが広く流布しましたが、裏づけとなる根拠が何一つないどころか、相手から要求があったという事実関係すら確認できていません。

批判をぶつけてくる人ばかりかといえばそうでもなく、自衛隊派遣に反対している人たちは、「イラクに行って捕まった人たちは立派だ」と言うわけです。しかしこれも、実際の私とはまったく異なる人間像を作られて、事実関係も明らかにされないまま責任を追及され、逆に期待もされる。それでいてメディアが検証を行う気配もない。結局は自分でやるしかないのだと思いました。

それには再びイラクに行くしかないのに、それ以降イラク情勢が非常に悪くなり、渡航が難しくなってしまいました。

藤原　二〇〇四年に自己責任について批判されたあと、安田さんは基地建設現場に料理人としてイラクに潜入したときの体験を本にし、さらに取材を続けて、約十年をかけてその落とし前をつけるわけです。ああ、一度着せられた濡れ衣を晴らすのにそこまでするのかと感服しました。そしてシリアで拘束された安田さんが解放されたことを知ったとき、この人はまた何年もかけてこのできごとに落とし前をつけなきゃいけないのか、つくづく壮絶な宿命の人だなと思いました。

安田　事実関係を調べもしないで批判されてはたまりません。二〇〇四年にイラクで拘束された今井紀明《いまいのりあき》さんは、そのときに自分を批判した人たちに、のちに自分から連絡をとって会いに行ったそうです。直接会って話をした人のほとんどは、その後、彼を応援してくれるようになったそうです。大したもんだと思うけど、彼の場合、初めて行ったイラクで捕まって、現地で何も目的を果たせないまま帰ってきたのに自衛隊派遣反対派の人などから英雄視されたりして、つらかっただろうと思います。

藤原　一度世の中に流布してしまったデマを、これはデマですと証明するには、それが間違いであると示せる材料を見つけて提示しないと覆せない。そんなことはそうそう簡単にはできず、デマはいくらでも増幅してしまう。

安田　「ない」は証明しようがないから「ある」と言う側が証明しなければならないわけで、だからこそ、推定無罪という原則が重要なのですが、検証も一切されないですからね。ほかの国ではかなり詳しく検証され、その結果が公表されています。

たとえばアメリカ人ジャーナリストのピーター・テオ・カーティスが〈ヌスラ〉から二〇一四年に解放されたあとにも、その経緯が明らかにされました。アメリカの国連大使の紹介で家族らがカタールの情報機関のトップであるガネム・カリファ・クバイシに連絡を取ったことから事態が動き始め、生存証明の質問を送って回答を取り、無事解放に至ったと。アメリカが身代金の支払いは絶対に認めないので、払ったと誤解されないか、カタール側がかなり心配したそうです。〈イスラム国〉にアメリカ人が殺されたことで遺族からもアメリカ政府に批判が出たので、カタールが支援してきた〈ヌスラ〉に圧力をかけて解放させた。その気があればもっと早くできたわけです。身代金について関係者はかなり強く否定しています。

シリアで私と同時期に拘束され十か月で解放されたスペイン人に関しても、解放までの手順が公表されました。このスペイン人については身代金が払われたと言われていて、その情報から、私についても身代金が払われたに違いないと勝手に決めつけた人たちがいます。

しかし〈ヌスラ〉に同時期に拘束されていたというだけで、状況は同じではありません。そもそも私の場合は〈ヌスラ〉そのものだったのかどうかも怪しいと思っていますが、同じ〈ヌスラ〉が相手でも、スペイン人の家族には直接身代金要求が来ていて、私の家族には来ていない。彼らは解放前に生存証明が取られているのに私は取られていない。スペイン人も私もカタールが仲介したとされていますが、彼らはカタール関係者がトルコで待ちかまえていて身柄を受け取ったのに、私はトルコの情報機関だった。私にはトルコから「無償解放」の話が来て家族が同意していますが、スペイン人には来ていない。アメリカ人もスペイン人も、事前に解放の情報が家族に来ていたのに、私のときには私の家族にも日本政府にも来ていない。

さらにほかの国のケースでは一年や二年で解放されているのに、私はなぜ三年四か月かかっているのか。それについてもまったく解明がなされていません。

帰された時期については、このタイミングで解放されたのはこういう理由ではないか、といった憶測があちこちで語られましたが、ほかの人がなぜそのタイミングだったのかについては一切話題にならない。

終わってからは何とでも言えます。あとづけで、今はこういう時期だからこういうことが関係してこの時期に解放されたのだろう、と話をまとめるだけ。こうしたテーマで登場する専門家の仕事というのはもはや、事実を調べることではないんです。すでに報道されていることがらを、本当に関連があろうとなかろうと、事実かどうかもかまわず集め、それらをいかにして結びつけて文章にするか。まったく違うニュースを使ってまったく別の解説をすることも彼らは可能でしょう。それらしい理屈でハッタリを言えるかどうかなんですね。

後藤健二さんの事件のときに私もテレビに呼ばれて、専門家と呼ばれる人たちの話を間近で聞きましたが、みなことごとくはずれていましたね。彼らは、拘束者のねらいは何なのか、みたいなことを想像で好き勝手に、饒舌《じょうぜつ》に話すわけです。それよりも事実関係の話をきちんとすべきなんですが、あのとき、身代金を払わない限り後藤さんが解放される可能性はかなり低く、実際のところ、助かるのは非常に難しい状況でした。テレビ番組ですから、その場でそれをストレートに言うわけにいかず、私は結局、話せることがほとんどありませんでした。

好き勝手なハッタリの話がメディアで拡散されるのを目の当たりにして、また現地の取材をしなくちゃいけないなと思っていました。いろいろな人がハッタリを垂れ流したままで終わったら、またそれが真実のように定着してしまいますから。

日本特有の問題として

藤原　そもそも、ここまでジャーナリストの自己責任論が問題になるのは日本だけでしょう。以前に取材で知り合った他国のフリーランス・ジャーナリストたちは、紛争地取材でもし何かあったら、「大使館に連絡すればいいじゃないか」と当たり前のように言います。「日本じゃ絶対ありえないことだ、迷惑扱いされるだけなので日本人のジャーナリストはそんなことは絶対にしない」と話したら、彼らはキョトンとしていました。

安田　各国のジャーナリストが出入りするような紛争地だと、他国の場合は大使館員がジャーナリストに情報をもらいに行くけど、日本の場合は大使館員が「やめてください」「早く帰ってください」と説教しに来ます。ＮＧＯについても同じですね。世界中のＮＧＯがいる場所に、日本のＮＧＯは入れないという状況になっている。

やはり、報道というもの、とくに紛争地の報道が必要だということが社会的に認知されているかどうかの違いでしょう。その価値観が醸成されている国では、紛争地の様子を伝えるジャーナリストが万一、紛争地域で人質になったとしたら、政府がカネを払ってでも救《たす》けるべきだという共通認識がある。さもないと政府が国民から批判されますからね。

日本ではそうした観念が共有されていないので、政府がカネを払うことに強い不満を感じる人が多いようです。二〇〇四年に香田証生《こうだしょうせい》さんが殺されたときも、二〇一五年に後藤健二さん・湯川遥菜さんが殺されたときも、政府に対する批判はほとんどありませんでしたよね。国民から批判が出ない以上、政府がわざわざ身代金を払う必要がないわけです。

アメリカでは、遺族が政府を批判し、人々がそれを支持したことで、政府の方針が変わりました。日本では、遺族が政府を批判することも許されません。香田さんのご家族も、後藤さん・湯川さんのご家族も、いまだに表には出てこないじゃないですか。そういう国なんです。

藤原　これが一般企業の社員が治安の悪い国に赴任している場合には、まったく話が違って、企業戦士的な称えられ方をしたりしますね。

安田　イラクで拘束されたときには、「会社の命令で行くんだったらいいけど、自分の好き勝手で行ったんだからお前が悪い」という批判もされました。

拘束者に身代金など何らかの目的があれば、彼らは直接、当事者の家族にコンタクトを取ってきます。他国では、家族が政府に連絡を入れ、政府が専門家を雇って拘束者との交渉に臨んでいます。日本でも後藤健二さんの件では、家族に直接コンタクトがあったそうです。当然、外務省に知らせたものの、政府は対応せず、当然、身代金も払わない。やったことといえば、ヨルダン政府などに協力を求めたほか、日本語で「解放してください」と訴える音声ファイルを送りつけた程度。

日本政府には情報機関がないので、事件が発生した国の政府に協力を要請し、現地の政府が実際の対応をするわけですが、シリアの反政府側地域のような、現地政府が機能していない場所では手の出しようがないわけです。反政府側に影響力のあるトルコやカタールに協力要請をするしかない。それらの国だって自国ではないからやれることには限りがあります。まして、日本政府は身代金を払わない方針なので、協力要請された国だって動くのは難しいわけです。

個人が捕まった場合は基本的に放置ですが、会社員の場合は企業が対応するので、政府はそれを支援するかたちになります。その差が端的にわかるのが、かつてフィリピンで拘束された若王子《わかおうじ》さんのケースです。

［注］一九八六年に発生した誘拐事件。三井物産マニラ支店の若王子信行《のぶゆき》支店長が武装した五人組に誘拐され、脅迫状や脅迫写真が送りつけられたが、翌年解放された。

若王子さん解放に向けては三井物産と政府が尽力しましたが、実は同時期にフリーランスのカメラマンもフィリピンで拘束されていたのに、彼に対しては政府の対応が一切なく、最終的に日本の右翼が救けに行きました。同胞が捕まっているのに日本政府が何もしないのは許せないと言って。

藤原　安田さんの件は、すべての同業者にとって他人事《ひとごと》ではなかったはずです。安田さん個人への思いというのももちろんあるけど、ジャーナリストがこういう事態になったときにどういう対応が取られるべきかを考え、実際にアクションを起こした人たちもいました。

政府は人質になった邦人を救けるべきだという訴えかけは、それ自体は正しいことです。でも、同業者たちが捕まっているジャーナリストを救けろと訴えかけても、日本では残念ながら理解されない。ジャーナリズムの必要性が理解されていない社会が存在しているからですね。それでもその必要性を理解してもらうための努力はやり続けなければいけないのだけど、訴える先は政府ではなくて社会だと思います。

安田　原則論とか一般論の話を当事者がすると、「自分がそうしてほしいんでしょ」みたいな話にすり替えられてしまう。「結局、救けてもらえると思ってやってるんでしょ」と言う。原則論は原則論。期待はしていませんが、原則論の話はしないわけにはいかない。

藤原　先ほども言ったように、これは政府の問題というよりも日本社会の体質的な問題なので、政府にいくら訴えたところでどうにもならない部分があると私は思っています。

国会前の政権批判のデモでいろいろなスローガンと一緒に、「政府は安田純平さんを救けろ！」と訴えたり、ツイッターやフェイスブックで、安田さんを救ける運動を仕掛けたりするのを拘束しているやつらが見たら、「お、世論が盛り上がってきたから身代金が取れるんじゃないか」と思いかねない。人質事件が現在進行形で続いているときにそれをするのは、当事者である安田さんと家族にとってどんな弊害があるかを考えないといけないですね。

安田さん解放の交渉をするよう政府に訴えかけるべきではと考えるジャーナリストたちも、デモやSNSでそれを呼び掛けた人たちも、一般論や原則論としては正しいと思うんです。ジャーナリズムとしての戦争報道は必要だし、また政府には邦人保護の義務と責任がありますから。でも、政府うんぬん以前に、政府によって救けられた者を許さない日本の社会がある。

安田さんを救けろと言えば言うほど、安田さんへの非難や誹謗中傷が大きくなる。それを受け止めないといけないのは家族であり、帰国後は安田さん自身なんですよね。安田さん自身が背負わされる重荷に他人がいくら応援や共感をしたところで、共有も軽減もしてやることはできない。「戦争報道の必要性」や「邦人保護の責任と義務」のために、一人の人間にさらなる苦難を負わせる。そんなキャンペーンはやめてくれと思った。一般論や原則論として訴えることの重要性はわかるけど、やるなら安田さんが帰国してから始めてくれと。

第六章　デマ拡散時代の戦争取材

近年のデマの流布やそれにもとづくバッシングは、ツイッターを中心とするSNSの存在なしには語れない。かつてはSNSと距離を置いていた藤原だったが、安田の拘束事件が起きてからは、チェックせずにはいられなくなった。一方の安田も、自分についてのデマやそれにもとづく批判が発信されているSNSを無視できなくなった。「見なければいいのだが、といって放置すればデマが定着してしまう」というジレンマに陥った。

SNSから見えてくる人々の心象、日本が抱える問題、ジャーナリストが現場を取材する意味にも話が及んだ。

「身代金詐欺」と言われ

安田　シリアでの拘束が、私が身代金を取ろうと思って企てた「身代金詐欺」だとSNSで言われたのには、さすがに唖然《あぜん》としました。そういう批判を繰り返す人は、自分自身ではリスクを負うようなことはしないわけで、一方でこちらが「リスクを承知でやっている」と言うと、お前はそんな立派なやつじゃないだろう、とこき下ろしてくる。別に自分が立派な人間だなんて思っていませんが、人と違うことをやる人間は叩《たた》かれてしまう、というふうにしか受け止めざるをえません。

藤原　すごい想像力というか、まったく想像力がないというか。彼らにとっては自分の正しさを証明するには、「失敗した人」の「存在」が必要になる。人を叩くことでしか自分の正しさを感じられないということがいかに不幸なことであるかを考えることより、叩くほうが心地いいのでしょう。彼らからすれば、安田さんは「失敗した人」なんでしょう。

安田　結局は「迷惑をかけたのだから失敗」という話になるわけですが、何をもって失敗と捉《とら》えるかは、人によりますからね。ことに紛争地の取材においては、現地で起きていることすべてが材料です。社会すべてが壊れる事態ですから。それが戦争特有の現象であって、そこで見聞きしたことで材料にならないことなど一つもないんです。

最前線のドンパチを伝えるだけが紛争地の取材ではないんですね。「紛争地の取材ってこういうものでしょ、そうじゃないとしたら失敗ってことでしょ」という決めつけがあります。日本ではもう、戦争によってその社会がどうなるのか、人の考えや生活がどう変わってしまうのかを知らない人がほとんどです。だからこそ紛争地で起きていることを見なければいけないのに。

これは紛争地に限らないことで、記者の仕事は見聞きしたもの、経験したものすべてが材料になり、将来の取材につながっていくのだから、人生のすべてが取材行為といえます。その中で何を実際に自分の取材のテーマにするかは別として、オンとオフがあると考えるのはサラリーマンの発想であって、記者にはオン・オフはないですよ。

たとえば、取材に向かう途中で交通事故に巻き込まれて壊れた車両に挟まれた状況で、どのように救助されるのかなどと観察したりするものです。それそのものを記事にすることもあるだろうし、それをもとに救助の体制とか、事故被害者の救済措置とかいろいろな話にも活かすことができる。それをやるかやらないかはそれぞれが決めればいいことだけど、あらゆるものが素材になりうるわけで、取材そのものに成功・失敗はないと思います。特定の題材を追っていて、それができなくなるという話なら別ですが。

藤原　映像や写真だけを見ていても感じられないこと、現場に行かなければわからないことがたくさんありますね。その場の空気感、街や人々の緊張の度合い、食事が豊かなのか以前より粗末になっているのかなど、どんな些細《ささい》なことであっても自分が現場で体験したものと、他人からの情報とでは感じるものや気づくことがまるで違う。

シリアの反体制派支配地域に誰一人外国人ジャーナリストがいなくなった時期に、安田さんだけがそこにいた。拘束されている状態とはいえ、それもまたシリアの現実を見ていることに変わりはない。私は四十か月のあいだ、安田さんは「取材をしている」のだと考えていました。

安田　現地の武装組織に受け入れられなければシリアの反政府側地域は取材できませんが、収容施設の取材はなかなかできないですからね。囚人の尋問・拷問《ごうもん》をするような場面は見せないし、人質を監禁していることなど知られたくない。都合の悪いものは見せないわけだから。収容施設の中にはさまざまな種類の人たちが拘束されていて、まさにその時期のシリアの縮図なわけで、本当にシリアに関心のある人なら非常に興味深い話のはずです。

真実の中に挿入されるデマ

安田　紛争地の人々が個人的にスマホで撮った画像をネットに流すというのも、現代では一般的に行われるようになりました。それらはたいてい、空爆などで凄惨《せいさん》な状況にある町や人々の様子を捉えたものです。しかし、たとえばツイッターで反政府側からそうした書き込みがあると、政府側は「こんなのは自作自演である、演技でやっているだけだ」とつぶしにかかります。

彼らは事実でもってそれを証明しようとか、論破しようとかいう気はさらさらないんですね。いかに自分たちに都合のいい情報を拡散させるかを考えて扇情的な表現を使って感情に訴える。事実かどうかではなく、いかに多くリツイートされたか、「いいね」がついたかの勝負です。より拡散されればそれが事実のようになって定着していく。そうなれば勝ちです。

人の脳の特性で、同じものごとでも「実はこうなんですよ」という言い方をされるほうが印象に残ると言われています。ツイッターなどのSNSでは、虚偽の情報のほうが拡散されやすいことも研究によってわかっているそうです。

「報道されない真実」とか、「あれは嘘《うそ》だ、実はこうなんだ」「こいつは、実はこういうやつなんだ」という調子で発言すれば、それは一気に拡散され、結局どっちが印象に残ったかで決まっていく。そこでは、事実かどうかなど関係ないわけです。

藤原　そうですね。デマを流しているほうは、正しい情報に対して、何らかの根拠を示して反論する必要はないですしね。根拠のない否定、または正しい情報を発信した人や組織についての罵詈雑言《ばりぞうごん》を流せばいい。とにかく、嘘でも悪口でもターゲットとする情報や人物を否定する発言を数多く流しておとしめた時点で十分な効果がありますね。

安田　では、シリアを実際に取材した私が、第三者の立場で見てどうかというと、現場の地形、武器の種類、政府側と反政府側の位置関係、周辺の環境など諸条件から判断して、やはり政府側の無差別攻撃としかいいようがない行為が繰り広げられていたわけです。

この分析は私が第三者だからこそできることです。政府側も把握しているだろうと思っていても、反政府側の人間が反政府側戦闘員の居場所を公開することはないです。第三者だからさまざまな事実を組み合わせ、分析して、そこで起きていることの意味を語れるわけです。

現地の人というのはみな、たとえ五歳や十歳の子どもであろうとも、戦争に直接関《かか》わっていない人も、戦争の当事者です。そしてそこで被害にあったと声を上げる人は、相手側から見れば被害者ではなく「困った存在」ということになる。だから自分の側に都合の悪い話はさまざまなかたちでつぶしにかかるわけです。

外国からのジャーナリストにも同じことはするので、私も二〇一二年にシリアの反政府側を取材してテレビで発表してからは、シリア政府の支持者から「アメリカのスパイ」などといろいろネットに書かれました。それでも、現地の当事者よりは、あくまで部外者、第三者という受け止め方がされます。

現地の人自らが発信できる情報は貴重ですが、一つ一つのできごとをそのまま流すだけでなく、それらを組み合わせて相互的に分析し、意味付けができるジャーナリストが現地を取材することは、ＳＮＳなどで誰もが発信でき、同時にさまざまなデマが拡散する現代だからこそ、むしろ必要になっていると思います。もちろん、ジャーナリストにはそれだけの能力が、これまで以上に求められているわけです。

ベトナム戦争の記録で、日本人カメラマンが撮影した、川の中を逃げてくる家族の有名な写真がありますよね（「安全への逃避」。アメリカ軍の爆撃を受けた村から女性と子どもたちが水の中を歩いて対岸へ逃げようとする様子を捉えている）。あれを見て、こんなの嘘だ、ヤラセだなどと言う人はいなかったでしょう。でも今だったらそういうことを言われかねない。当時は戦場の様子を収めた写真が表に出てくること自体が驚きだったから、たった一枚の写真が大きな力を持っていました。

誰でもいつでも写真を撮影できるようになった現代では、重みも受けとられ方も変容しています。一枚の画像のみでは伝わらなくなってしまった。インターネット、SNSの登場によって誰もが発信力を持ち、いろいろな情報が流れてくることによって、情報が増えた分だけ知識が多く深くなったかと思いきや、現実には嘘の情報が大量に流れたり、大事な情報が埋もれたりする。

嘘にもさまざまな理由があって、政治的な目的で嘘を流す人もいるし、嘘のほうが印象を強く与えるからPVを稼げるという理由でやる人もいる。まさに悪貨が良貨を駆逐する事態になっていますよね。そういう状況の中でジャーナリストには、複合的な分析と第三者としての判断、情報を取捨選択する力が必要です。すべてのジャーナリストがそうだとは思わないし、自分がそうだとも言えないけれども、そういう能力のある人間が現地に入ることがとても重要だと思います。

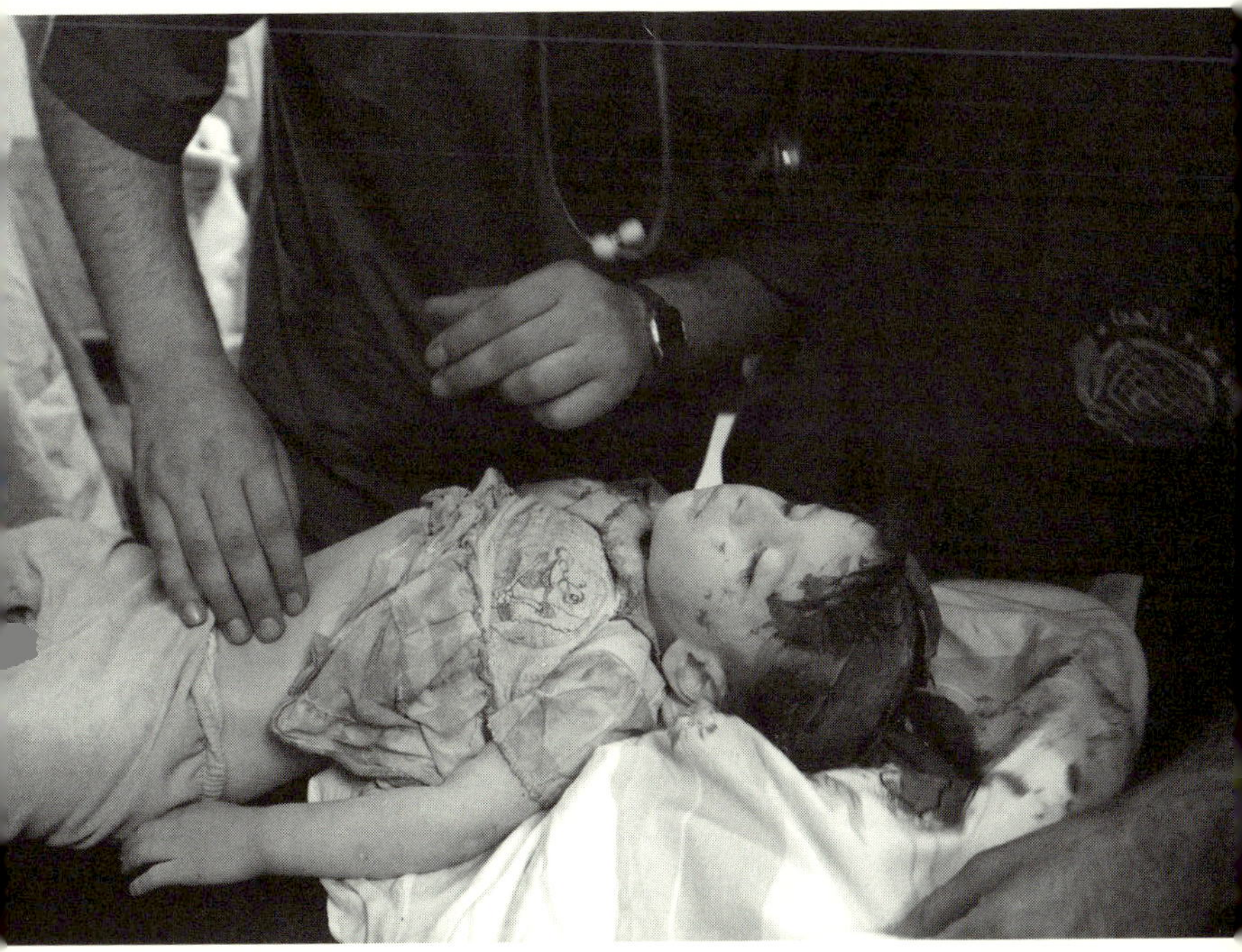

アレッポの反体制派支配地域にある病院の治療室。空爆の破片によって頭が割れた状態で運び込まれた少女は、やがて体の色が真っ白になり息を引き取った。政府軍の妨害で医薬品も医療機器も乏しい病院では、重傷者に施せる処置はほとんどない（2012年8月、藤原撮影）

藤原　ＳＮＳでは日本や欧米のメディアが伝えていないことを発信すればウケるという特性があって、スプートニク（ロシアの国営通信）やプレスＴＶ（イランの国営放送）などが発信するネットニュースを見て、ほら見ろ、欧米や日本では報道されない隠された真実がここにあるじゃないかと、信じる人も多い。実際は、スプートニクやプレスＴＶが一つの記事で丸ごとのデマを流すことはあまりないけれど、おおむねの真実の中に作為的にデマを挿入して大量に流すようなことは割とよくある。そのくせ、自国と直接利害関係のない地域の話に関しては何のデマも混ぜずに真実をそのまま流すので、読んでいる人は記事にデマが含まれているとは思わず、正しい、信憑性があると思ってしまうんですね。

デマを指摘すると、「欧米や日本の報道でも間違ったことを書くし、偏《かたよ》っているじゃないか」という反論があるわけですが、だからといって国家ぐるみで意図的にデマを流しているメディアを信用する理由にはなりません。

「私、ウラ事情知ってまっせ」と言うことが好きな人は、それに飛びついてどんどんデマが拡散され、既成事実化されてしまいます。そこで信憑《しんぴょう》性を確認するためにほかの情報をあたってみようとは思わないんですね。そんなことよりも、「たった今こんな話が出てきたけど、自分はいち早くキャッチしてますよ」と、脊髄《せきずい》反射的に発言することに喜びを感じる人がとても多い。

ものごとを熟慮し、考えてものを言うことよりも、早く発言することがよいことだという価値観が、ＳＮＳによって広がってしまった感じがします。

「ネットの意見」と言論

安田　「いいね」やＰＶの数で評価されるようになったので、「他人が言っていないことを言ってやろう」という思考に陥りやすいのでしょう。間違ったことを発言する怖さとか、ものごとを知らないことの恥じらいとか、そういうものがないんですよね、ネットの世界では。

匿名性というのがその大きな要因だとは思います。リアルな「世間」では、同調圧力など抑圧的な性質があるのと同時に、抑制効果がありますよね。そういう発言は悪いことだとか恥ずかしいことだとか。匿名で言いたい放題言えるネット社会では、その抑制効果が機能しない。

ネットの普及で誰もが発信できるようになり、無数の情報が共有されることで、ものごとがより適切な認識へと集約されていくものと思われていたわけですが、むしろ、人間の汚い部分があらわになる世界と化していると思います。

藤原　匿名でしか言わないということは、「いけないことを言っている」という自覚はあるわけですね。そして、自分の存在は匿名で隠していながら、自分の考えは認められたい。素性は知られたくないのに、自分がどういう意見を持った人間であるかを主張し、認めてもらいたいという矛盾がある。

安田　匿名という点では、新聞記事がかつては完全に匿名で書かれていました。でもそれだと記事に対する責任の所在がはっきりしないということで、記者の名を記した署名記事が増えてきたんです。ところがネットの世界では、反対に匿名の文化が好まれ発達していった。

記者たちは自分の名前を出す以上、内容や表現に非常に慎重にならざるをえないし、何かと反発をくらうけれども、反発してくる相手は匿名です。匿名で好き勝手言う人が増大し、結局、署名記事を書く人が一方的にリスクを負うようになってしまいました。

藤原　それにもかかわらず、最近は新聞もテレビもネットの反応を見て、まるで一つの言論であるかのように、ネットではこんな意見があるという記事や番組を作るようになった。報道する側がそれをやってしまったら、根拠や責任を伴わずに発言された言葉にも言論の価値があると認めてしまうことになるし、自分たちの報道の価値を落としていくことになってしまうのに。

安田　ネットの中で何の根拠もない話が作られて、いつしか事実のようになっている。そして報道がそれを後追いし、自らの存在意義を自らが損ねる方向に進んでいる。

藤原　おそらく人間は、自分がどこかの集団に属していることに快感を覚えるのだと思います。「いいね」やフォロワーも姿を変えた集団の一つですね。そしてその集団が大きければ大きいほど快感も大きくなる。だから理性ではなく、感情をしゃべり散らすのでしょう。

そんなものをメディアや政治家が取り上げるから、さらなる快感を生む。そのうち、リアルな言論なんて必要ないと考える人たちが出てきてしまう。

世間が勝手に作る話

安田　私にパスポートを発給しない理由として外務省は、トルコが私の入国を拒否しているので、旅券法十三条一項一号にもとづき発給しなかったと説明しています。この旅券法十三条一項一号には、「渡航先の国が拒否している場合は旅券の発給を制限できる」ということが書かれています。

ところが世間の人は、私にパスポートが発給されないのは、政府や国民に迷惑をかけたからだと思っているわけです。

もし仮にそういう理由だとしたら、私に該当するのは一号ではなく、「国益に反する人間に対しては発給しない」という、同条同項七号のほうでなければおかしい。でもどう考えても政府は身代金を払っていないし、外務省も当然そのことはわかっている。だからおそらく、七号を適用することは難しいと考えている、もしくはそこまで考えていないかのどちらかの理由で、一号だと主張したのだと思います。本心では七号だと思っているかもしれないですが、だとしてもそれでは説明がつかないから一号にしたのかもしれません。

〔注〕旅券法第十三条第一項では、「外務大臣又は領事官は、一般旅券の発給又は渡航先の追加を受けようとする者が次の各号のいずれかに該当する場合には、一般旅券の発給又は渡航先の追加をしないことができる」として一号から七号までの制限対象をあげている。

一号と七号の原文は次のとおり。

一　渡航先に施行されている法規によりその国に入ることを認められない者

〈中略〉

七　前各号に掲げる者を除くほか、外務大臣において、著しく、かつ、直接に日本国の利益又は公安を害する行為を行うおそれがあると認めるに足りる相当の理由がある者

それにもかかわらず、世間が「世間に迷惑をかけた安田への処罰だろう」「政府は明言できないだけだ」と勘ぐっているわけです。勝手に想像して政府がやろうとしている以上

に制裁を加えようとしているんですね。

　そうやって、世間が勝手に作った話が後押しして既成事実になってしまうんです。

藤原　誰かの身に起こったことは、いつか自分の身にも起こりうることだとは考えない。「自分はそんな危険な国には行かないから関係ない」という理屈で「パスポートなど出さなくていい」と言うのですが、政府によって権利を規制されるのは何もパスポートに限ったことではないですね。本来認められている権利を、正当な理由なく政府や行政によって何らかの権利を制限される、ということはあってはならないことです。どんな権利でも理由なく制限されてはいけない、ということには考えが及ぶことはないんですね。

安田　トルコが本当に最初から入国拒否にしたのかも疑わしいと思っているんですが、百歩譲って本当だとして、トルコに行けないのはわかるが、ほかの国に行ってはいけないというのは無理があると思います。そもそもトルコに入れるかどうかはトルコが決めればいいことであって、日本が決める必要はありません。

　十三条一項一号については、国際法秩序を乱すおそれみたいな解釈や言い方もあるのですが、ほかの国では、シリアで人質にされた人にパスポートを出さないなんてことはないし、発給したからといって国際法秩序が乱れたりはしていません。

　発給拒否の根拠になっている旅券法だって、昭和二十六年に制定・施行された法律ですからね。要するに、まだGHQの統治下にあった時代の法律です。いまだにそれを、解釈を変えて利用しているんです。

藤原　行政裁量で都合よく七号の扱いを受けているとしか思えないですね。該当する法律もないのに、行政裁量で自由や権利を制限できるのだったら法治国家ではない。それは奉行所のやることですね。シリアで四十か月ものあいだ自由を制限され、ようやく帰国した祖国がまた、日本において何の法律も犯していない安田さんの自由を制限する。安田さんの「拘束」は、今も日本において続いていると言ってもいい状態だと思います。

失敗のダメージが大きすぎる社会

安田　解放・帰国直後は「自己責任」だと言われ叩かれましたが、時間が経過して、今はもう自己責任だと言ってくる人はいません。なぜなら、やっぱり自己責任ではなくて政府の責任で政府が規制すべきだっていう話まで進んでいるから。

日本で今「責任」という言葉は、ネガティブなイメージになっていますよね。自分の任務や役割に対してミスやトラブルが生じたときに謝罪するとか賠償するとか。でも本来、良いものも悪いものも含めて自分の責任です。ものごとを自由に選べる状態においては、そこにつねに責任が生じるんです。

東西冷戦が終わったあとに、なぜ共産圏・社会主義圏が弱体化して自由主義の国が残ったかというと、選択の自由の乏しい社会主義の国では個人が負わされるものが少ない代わりに、良いものももたらされなかったから。そうするとやはり意欲が湧《わ》いてこないわけで、国が発展しなくなる。

選択の自由を制限する代わりに最低限の生活を保障しましょうという社会主義の原則が、国の発展という点では機能的でなかったわけですが、今の日本が向かっているのはそっちの方向としか思えません。つまり制限する方向です。

その一方で貧困のような問題を、個人の責任で片付けようとしている。それでは貧しい人には選択の自由がなくなってしまう。誰もが得られるべき「最低限の生活水準」には、選択の自由も含まれていなければならないはずです。

この二十〜三十年、日本社会は閉塞《へいそく》感に覆われ、世界的に見ても飛び抜けて経済成長していません。社会の同調圧力が大きくなったことで、それを超えて選択の自由を行使することと引き換えに負うマイナスの責任があまりにも大きくなり、人々の意欲が失われた結果だと思います。

簡単に言うと、人がやっていないことをやると叩かれる。成功すればその分の得るものがあって、いくらか相殺されるけど、失敗すると実損に加えて失敗したことについてもさらに叩かれる。

想定外のことが起きたときに受けるダメージが、起きたことの実態にふさわしくないほどに大きすぎて、何かをやってみようという意欲を失わせてしまう。そういう社会には発展の可能性がありません。泥水の中に何があるのかわからないけど、そこに手を突っ込むような無謀な人間がいるから何かが見つかる。そういう人間がたくさんいて、そういう人間が生きていける社会が発展しうる社会だと思います。

ずば抜けた能力の持ち主か、精神的に非常にタフな人でなければ挑戦できない社会において、そうでない人たちは、その突出した人たちを叩く側に回ることによって、自分自身の存在を確認する。突出できないようにいっそのこと規制してしまえ、とまで考える。それが現代の日本社会で起こっていることです。

藤原　自らは多数派の中にいるという帰属意識による安心感や快感。そういう社会に属してしまうと、自分が不自由であると気づくことすらない。自由・不自由という概念、考え自体を失っていく。

何か新しいことをしてみよう、新しいものを考えようという、今の状態からステップを一段上げることが挑戦であって、それをしないことは精神的停滞でもあるのに、自分が停滞した状態にあることを自覚しない人たち。そして彼らは、挑戦する人たちを「余計なことをする人」だと思う。自分は停滞したままでいいと思っている人がいるかもしれないし、それはそれでいいのだけど、だからといって挑戦する人を批判する理由にはならない。

そこに気づいていないということは、政府に介入されることを不自由なことだと思わなくなっているということですね。

発言に関していえば、自分の発言に責任を持ち、もしそれが誤っていた場合は自ら正すことができて初めて、言葉に自由が伴うのだと思います。でも彼らは、すべての人間のあらゆる言葉に言論の自由があると思っている。根拠の伴わない批判は批判ではなくてただの悪口だし、悪口は言論ではないから言論の自由はない。

安田さんのことについては、「あいつは失敗したんだから」「自由を行使したくせに」「非難されても仕方ない」という論調に持っていこうとする。でも失敗というのは、成功の対義語ではないですよね。何かに挑戦した経験がないと、成功とは何か、失敗とは何かを考えることがないので、うまくいかなかったことはすべて失敗だとみなしてしまうのでしょう。

過去になされた発明や発見、研究、冒険の達成なども、たった一人の天才がいたから成し遂げられたものではないですね。無名の挑戦者、無数の「失敗者」がいて、その「失敗」を分析できたからこそ成功があった。何かに挑むことを嗤《わら》う社会になれば、もう何の進化も起きえないですね。

「戦争はどっちもどっち」は誤り

藤原　日本人の多くに、周りの人も自分と似たような価値観と思考を持っていると信じて疑わない傾向がある気がします。それゆえ、異質な人が現れると過敏に反応する。

多文化や多民族の中で暮らしてきた人たちは、もっと寛容かもしれない。いろいろな民族がいて、いろいろな宗教があって、考え方も人それぞれ。多様な価値観が入り乱れているから、自分と他者は違って当然だと気づく機会が多い。そのうえで、自分とは違うこいつとはどうすればうまく付き合えるか、いややはりこいつとは付き合えないな、という判断が生じるんだけど、日本人はそれに気づくことに不慣れとでもいうか。

自分と他人とは違う、自分とは違う世界が存在しているんだということを、どうすれば私たちは気づくことができるのか。

安田　パレスチナ問題というのはまさに、異質なものとどう付き合うかっていう話です。

イスラエルはアラブ人を排除しようとするし、そうなればアラブ人がどう抵抗するか。異質なものを異質なものとして排除しようとするとどうなるかを体現している。

藤原　日本人は戦争について、「どっちもどっち」というイメージを持っているかもしれないけれど、圧倒的に力のある者が圧倒的に力のない者を叩き、抑圧している場合がほとんどですね。

「報復の連鎖」とか「憎しみの連鎖」っていうよく使われる表現がありますよね。あれは第二次インティファーダ（イスラエルの占領に対するパレスチナ人による民衆蜂起《ほうき》。二〇〇〇年九月～二〇〇五年初頭）のころに使われだした表現で、なぜか今も各地の紛争で常套句《じょうとうく》のように使われていますけど、まったく意味不明です。いったい誰と誰の報復が連鎖しているのか。一方的にやって、やられているだけなのに。

記者をはじめ、ものを書くことに長《た》けているはずの人までもがそんな表現を好んで使う。ということは、それが日本人の戦争についての感覚なんでしょう。

安田　シリアに関しても、どっちもどっち、戦闘をやめるべきだと言われ続けているけれど、全然「どっちもどっち」ではないんですよ。反政府運動のデモが始まった段階からデモ隊への発砲があったし、私が滞在していた二〇一二年七月は停戦期間中でしたが毎日空爆・砲撃を行っていた。双方が深い谷を挟んで対峙《たいじ》していて、相手側へ侵攻するには一本の橋を渡るしかなく、丸見えなので双方とも橋は使えない。政府軍は対岸に向けて戦車で砲撃し、高高度のヘリから誘導装置のないロケット弾や樽《たる》爆弾を落とす。反政府側がまったく反撃できない状態での一方的な無差別攻撃です。

航空戦力も対空兵器もない相手への空爆は完全に一方的な攻撃ですからね。空爆というのがいかに一方的なものか、回避しようがないものか、「どっちもどっち」と言う人たちはわかっていない。空爆できる側とできない側で破壊の度合いが圧倒的に違うわけです。

誘導装置のついたミサイルなどと違って、高高度から撃ち落とすロケット弾ではねらった場所に着弾させるのは難しい。ドラム缶のようなものに爆発物を詰めた樽爆弾は、地上からの機関砲攻撃が当たらないよう非常に高いところを飛んでいるヘリからボロッと落とすだけだから、はじめから無差別攻撃であることを前提に攻撃している。

シリア軍はそもそもねらった場所に落とす能力がないので、前線で向かい合っているときに、確実に相手側だけを攻撃することができない。だからいつまでたっても相手の前線を壊すことができず、制圧できないでいた。ところがそこに、ねらって落とすことができるロシアが二〇一五年九月から参加してきて、形勢が変わったわけです。

藤原　二〇一三年八月にアサド政権が化学兵器を使ったというので、英米仏が介入するという話が出たものの、国内で反対にあい、結局実現しなかったということがありました。

イラク戦争では、アメリカが大量破壊兵器の存在を理由にイラクに介入し、フセイン政権を倒してイラクに混乱をもたらした。でも、介入の口実にした大量破壊兵器は、実際は存在しなかった。英米仏のシリア介入に反対した人たちは、またアメリカはイラク戦争と同じような論法で介入するのか、その軍事作戦でまたシリアの市民を巻き添えに殺すのか、という話になりました。その結果、アメリカなどは介入せず、アサド側にロシアなどが本格的に軍事協力を始めたことで航空戦力も増大し、空爆も激化してすさまじい数の市民が殺されることになった。

外国による軍事介入なんて、よくないに決まっています。でも、シリア内戦においては、軍事介入をやめさせようとして唱えた「平和」が、結局はさらに大きな殺戮《さつりく》を助長することになった。

「相手にしないのが一番」とはいえ

藤原　安田さんが世間から叩かれていた時期、私は、安田さんを応援するとか、自分の考えを述べるとか、叩いている人たちに反論するということは、できる限りしたくないと思っていました。ネット上に安田純平という名前を増やしたくなかった。

安田　相手にしないのが一番だから。でも相手にしないうちに増殖していく性質もある。そこがＳＮＳの怖いところです。

藤原　彼らにとっては、事実かどうかは関係ないですからね。いろいろな情報がネットから入ってくることによって、自分がものを知った気になってしまう。でも、情報というのはあくまでもただの情報でしかなく、たくさん情報を持つことが人間を賢くしてくれるわけではない。自分が知りえた範囲にすぎないことで知ったようなことを言うことの恥ずかしさを、たぶん意識しないんでしょうね。

安田　拘束中にテレビのコメンテーターに、「この人は韓国籍で、韓国人ではシリアに入れないので日本のパスポートを使った」と言われていました。韓国はシリアへの渡航を禁じているのですが、正しいのはそこだけで、ほかは完全なデマですが、何をどう調べたらそうなったのか。

テレビ局が、私がシリアに入る前に泊まっていたトルコのホテルに行って私のパスポートのコピーを取ってテレビ番組で流したのですが、私は結婚して姓を変えていて、それは公表していないので、パスポートの姓の部分をモザイクで隠して画像に映したんですね。それを見た人たちが「姓を隠すのは在日だからだ」と、勝手に想像したわけです。

そもそも人の身分証明書をメディアで勝手に流すことがどうかと思いますが、そのコピーの質が非常に悪く、日本のパスポートに施されている偽造防止加工の特殊印刷が写っていないんですね。それで、テレビ画面でそのコピーを見た人たちが、偽造パスポートで出国した犯罪者と言い始めました。

さらに、二〇一八年に公開された動画で私が「韓国人です」と言っているのを見て、「やっぱり韓国人だ」と言い出した。あれは完全に言わされただけなのですが、相手が何かのねらいをもって公開する宣伝動画をそのまま信じてしまう。

メディアもそのまま流してしまうのだから、一部のネット右翼的な人だけでなくて、日本全体として宣伝工作とか情報戦に対して脆弱《ぜいじゃく》ということですね。

あの動画を撮ったのは中国の新疆《しんきょう》ウイグル自治区から来たウイグル人の部隊が運営する施設だったのですが、その前のアラブ人が運営している施設から移る際に、「これからお前は韓国人だ。名前はイスラム名のウマルにしろ」と言われました。施設内ではずっと「韓国人のウマル」と称していたわけです。撮影の際に、名前と国籍を言え、と言われたらそれを言わなければならないに決まっている。

彼らがなぜ私に韓国人と言わせていたのかは、彼らに聞かなければわかりません。基本的に直接こちらには何も説明しません。彼らは私が言うとおりにしないと、不自然に私の部屋の前で拷問したり、電気や水道を切ったり、あからさまに異常な行動をします。そこから察するしかないのですが、アラブ人の施設にいたときに、上の部屋に入ったトルコ人だという男が「どこから来た？」と何度も聞いてきて、思わず「日本人」と言ってしまったことがあり、その後に私に聞こえるように拷問が始まりました。部屋に来た尋問担当者が「Are you Japanese?」とだけ、二十回くらい立て続けに聞いてきたこともあった。日本人と言うか言わないかを試しているわけです。そうしたことがあって、そのアラブ人の施設では中国人と言うようにしていました。

　こういう話は相手との長いやりとりの中での話なので、簡単に説明できることではないのですが、中で何があったか知らない人から「そんなことがあるわけがない」と言われるので面倒になって話したくなくなりました。シリアで何が起きていて、閉鎖空間の中で相手が何をしてきたか、どのようなやり取りがあったのかは当事者にしかわからないことなのですが、何も知らない人を納得させなければならない。彼らが拘束者に取材をして確認してもらうしかないのですが、彼らはそんなことはしない。

「拘束は自作自演なんじゃないか」と言われたことについても、そんなことのために三年四か月も費やしたと思えるというのは、もうアニメかマンガの世界の住民かと思ってしまいます。紛争地を知らないからそんなことが言えるんでしょう。あんな場所で自作自演なんてできるわけがない。

藤原　武装組織と一緒になって金儲《かねもう》けしやがって、みたいなことを言われるわけでしょう。すごい想像力だな。

安田　イラク人質事件でも三人は同じように言われていましたね。よほどの大物だと思われているらしい。

　開示請求すれば、SNSで誹謗《ひぼう》中傷する匿名の人の正体を特定することはできるらしいですね。費用はかなりかかるみたいですけど。ネットの掲示板で、匿名で誹謗中傷された人が、開示請求したうえで実際に名誉毀損《きそん》で告訴した人もいます。ただ私の場合はもう、最初の出どころがわからないし、大量にいるから追いきれないですね。橋下徹さんは、自分を誹謗中傷する内容のツイートをリツイートしただけの人まで追跡して訴えているらしいですが。

藤原　SNSは、誰かを「韓国人だ」とすることで人をおとしめられると思っている人たちの醜悪さに満ちた世界ですね。安田さんだけでなく、韓国人や在日コリアンも同時におとしめ、喜んでいる。日本の成り立ちを考えたら、もしかしたら自分も朝鮮半島にルーツを持つかもしれないという想像力がないわけですね。多様な民族が持つ技術や習慣、文化が交じり合うことで、いまの日本が形成されてきた。もし今後、異文化や異民族を排除していくなら、もう日本の社会には停滞しかなくなってしまう。

安田　それと、誰かの身の上に起こったことは自分の身の上にも起こる可能性があるとは考えないのでしょうね。自分にだって起こりうることなのに、誰かの失敗に対して、「自分はこんなことは絶対にしないけど、こいつはやらかしよった」と非難できてしまうわけです。それも必要以上に叩く。とくに紛争地にはほとんどの人が行かないから、「誰も行かないところに勝手に行った」ということで叩きやすいのでしょう。

藤原　安田さんについては、「自分は、国が行くなと言ってるような危険な場所に行くようなことはしないから、安田を非難していい」ということなんですね。でも、さっき話した川の中州でキャンプしていて増水で子どもを死なせた親もバッシングされたことからもわかるように、叩く対象は誰でもいいんでしょう。

よその国で起こっていることや、なじみのない世界の中で起こっていることに興味を持たない人たちが、自分のよく知らないことについて意見を述べているのが匿名のＳＮＳだったり、ネットニュースのコメント欄だったり、ということですね。

「遠い国のことに興味ないですよ」

藤原　欧米の人は、今起こっている戦争が中東とかアフリカとか、自国に近いところで起きていたり、あるいはそれがかつての植民地だったり、戦争によって難民・移民が自国に入っていたりしているので、関心を持たざるをえない。日本だって、ベトナム戦争には関心を持っていたわけです。距離的にも、歴史的にも民族的にも近いから。

しかしその後、日本の周辺では戦争が起きておらず、今も戦争が実際に続いている場所があることを、日本人は想像できなくなってしまった。

安田　戦争ではないけれど、日本国内でも東日本大震災のとき、多くの人が亡くなったでしょう。でも、身内や近しい人を失ったり、たくさんの遺体を目の当たりにしたのは、おもに東北地方の人たちだけなんですよね。

「シリアなんて遠い国のことに興味ないですよ」とテレビでタレントが公言していましたが、そういう人にとっては、実際は東北だって遠いし、もっといえば、近所だって遠いんですよ。何をもって「近い・遠い」とするのか。東京から見て距離的にはシリアは東北の被災地より遠いですが、「近い・遠い」で自分への影響が変わるわけではないでしょう。

地球の裏側のできごとだって日本に影響を及ぼします。遠いと言っているのは物理的な距離のことではなくて、自分と立場が違う人、会ったことのない人には興味がないということだと思いますよ。でも地球上のほとんどの人とは立場も違うし会ったこともないわけで、「遠い国のことは興味ない」と言う人は、近所に衰弱死しそうな人や虐待を受けている人がいても、自分には関係ないと思っているんじゃないですかね。そうなっていくと社会は崩壊していきますよ。

藤原　「3・11の教訓」とかよく言うけれど、それが自分の身にも起こることだという想像力を持つのは、やはり当事者になった人でないと難しい。大震災なんて立て続けに起こるもんじゃないと思ってしまうし、あれを教訓に当事者でなかった人の考え方が変わるなんてことはないでしょう。

でも紛争国で生きる人たちは違う。今日空爆があったら明日もある可能性がきわめて高い。それを日常として受け止めなければならない状況で、現地の人は生きています。テレビなどで紛争地の話題といえば、難民のつらい苦しい様子が伝えられますよね。それは戦争報道としてはわかりやすくて注目される。でも、この平和な日本社会に生きている人からしたら、その光景はかわいそうではあるけど異質すぎて、自分たちには縁のない話で終わってしまいかねない。

だから私はそういう場面よりも、人々の普通の暮らしを伝えることのほうが重要だと思います。戦時下の抑圧的な状況でも人は生きざるをえない。そんな環境の中でも、男どもが下ネタで盛り上がったり女性にモテたいと思っていたり、新しいスマホが欲しいなとか思って日常を過ごしていることも同時に伝えたほうが、そこに自分たちと同じように普通の生活があると腑《ふ》に落ちてくれるような気がします。

安田　戦争によって何が失われるのかというと、あるのが当たり前のごく普通のものが破壊されていくわけですからね。違いを知ることは大事だけど、それだけだと、実際に起きていることとしての実感が湧《わ》かないかもしれないですね。

誰かが伝えなければ

藤原　二〇〇二年にパレスチナ取材に行ったときは、人々が普通に生活しているエリアで市街戦が起きていて、それは自分にとってかなり衝撃的な光景でした。それが次に二〇〇三年に行ったときは、まったく静かになって封鎖だけがきつくなっていました。そこには、放置されたように生きている人たちの様子がありました。そんな状況でも人々は生きていかなきゃならないんだけど、仕事もなく、移動の自由も制限されている。抵抗することもできない状況で、死傷者は出ないけれど死んだように生きなければならない生活が続く。さらには、人が殺されないということは自分たちの置かれた状況を伝えてくれるメディアも来ないということ。閉塞《へいそく》感と諦念《ていねん》が漂っていました。

派手な戦闘が行われているようなときしかなかなか注目されない。誰かが伝えなければば、壊された町と残された人がそこにあることも忘れられてしまう。

安田　やはり継続的に見ることが大事だと思う。自由がない状況にある人がどうなっていくかをずっと追っていると、変化が見えてくる。一回行っただけでは、その変化が見えないですね。

最初にアフガニスタンを訪れた二〇〇二年三月には、タリバン政権がもう崩壊して情勢は安定していて、現地の人の生活には活気があったという話をしましたが、彼らに話を聞いても、何がどう変わったかよくわからない。前はどうだったかと聞いても、今がよければ過去を否定するし、それもそのうち変わっていく。

イラクは、二〇〇三年の政権崩壊の直後は「新しい時代が来る」とお祭り騒ぎになっていたけれど、一年後にはもう当初の親米的な雰囲気はボロボロになっていた。それで、戦争前のほうがよかったと言い出すんですね。でも彼らは政権崩壊のときには、これでよくなるんだと思っていたはずなんですよ。実際、話した人のほとんどがそう言っていた。

人々がどう変わっていくかは、実は本人たちにもわからない。「前はこう話してたよ」と伝えても、本人たちは覚えていない。思い出すことはあるかもしれないけれど、そのときの感覚っていうのはもうわからなくなってしまうんです。だから記録しておくってことは非常に重要なことです。

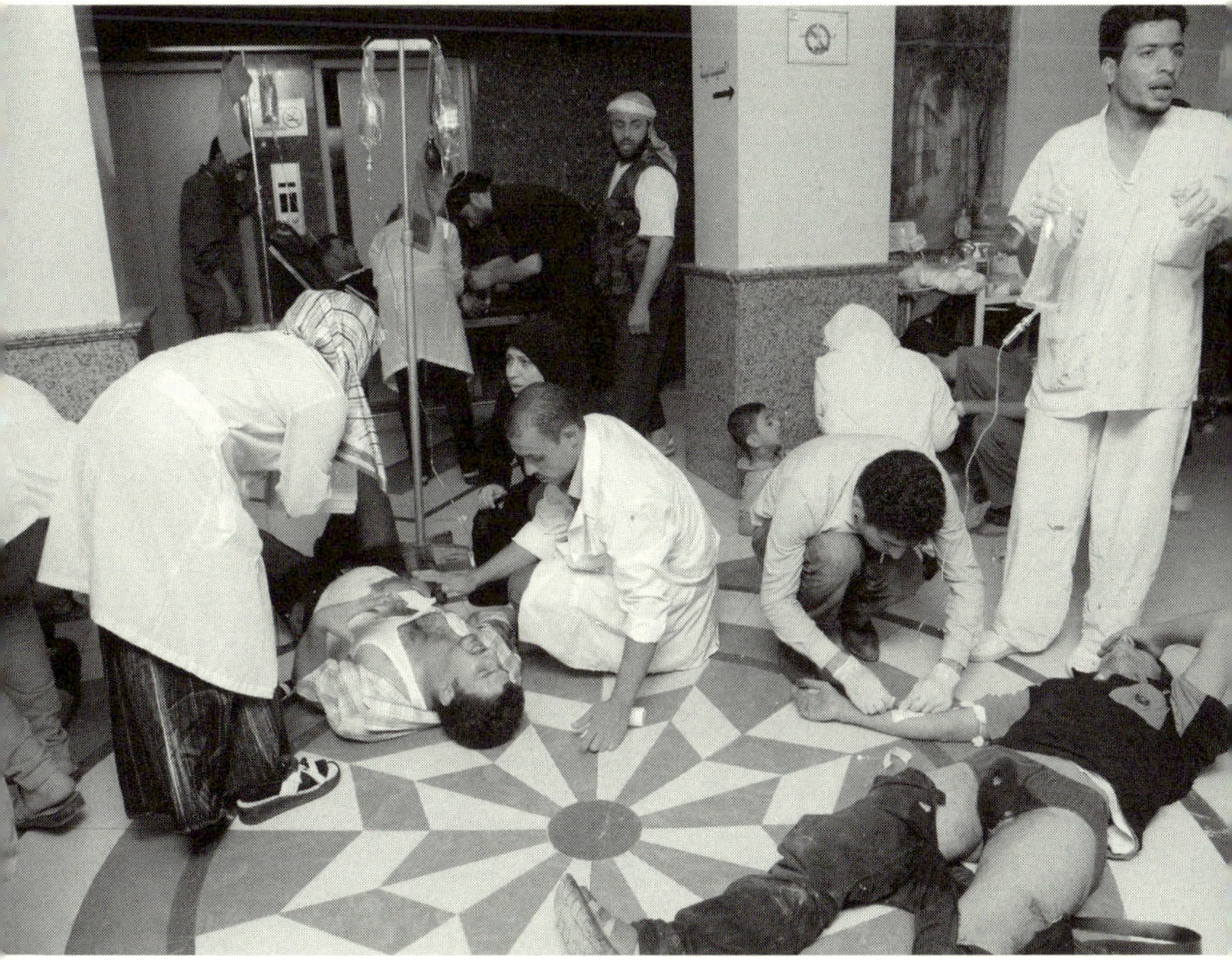

アレッポの反体制派支配地域にある病院では、一日中ひっきりなしにシリア政府側の空爆や砲撃、狙撃で死傷した人たちが運び込まれていた。病院の上層階は砲撃で破壊されており、床や廊下で処置が行われていた（2012 年 8 月、藤原撮影）

そうした変化は継続的に見るからわかることで、現地に行って知りたいのは、メディアの報道ではなかなか出てこないそうした部分です。

他人の自由に制限をかける人々

安田　新聞記者時代、人の行動の自由について考えることがよくありました。自由な状態っていうのは、一人一人が自分の好きなことをやれる状態、自分が興味を持ったものに向き合える状態なんだけど、当時私のいた新聞社は、やることがどんどん増える一方で人手も足りず、とにかくやらなくちゃという状態。もっとも、私自身はかなり好き勝手にやっていたほうなのですが。

編集部の本来の姿というのは、所属する記者がそれぞれ自分の興味のあることを扱うことによって、結果的にさまざまな分野の情報が集まるというかたちだと思っています。だから人数はできるだけ多いほうがいいし、いろいろなタイプの記者がいて、それぞれ自由に動ける体制であるほうがいいんですが、現実には、担当部署のルーティンの仕事に追われることになりがちです。部数を増やすためと称して女性向け、若者向け、子ども向けのページを作るなど、はっきり言って安易でかつ効果があるとは思えない方向を目指している状態でした。実力のある記者はそれでも本当の意味で独自のネタを拾えるわけで、この点は自分も反省点なのですが、組織として硬直化していて、閉塞感に覆われているように感じていました。

だから私は常々、紛争地には、記者に限らずさまざまな職業、さまざまなキャリアの人が行ったほうがいいと訴えています。できるだけ多くの人が、それぞれの専門分野と興味関心にもとづいて現場を見れば、紛争を専門にするような記者が見ていないものを見つけられるはずだし、異なる切り口で戦争の実態を描けるはずなのです。戦争は社会全体を破壊するわけですから、社会全体をカバーできるくらいの多様な視点があるべきです。

それぞれの人が自分の興味関心に従って好きなことをやることで、あらゆる方向に視線が向くようになります。みんなが同じ方向を見ていたら、それ以外のものは誰も見ないことになってしまいます。

新しい何かを見つける人は、ほかの人が見ていないものを見ている人です。誰も知らないものだから新しいわけで、みんなで同じ方向を見ていたら誰もが思いもしなかったような新しいものは見つからない。ほかの人に言われた方向ではその人の知っている範囲のものでしかない。だからそれぞれの人が自分の好きなことをやることが大事で、みんなが好きなことをやっているうちに、誰も知らなかった新しいものを見つけたり、何か問題が起きたときに思いもしなかった解決方法を探してきたりする人が出てくるし、誰の目にも止まらず見過ごされているものがより少なくてすむわけです。

そういう、誰も見ていないようなものを見ている人というのは、だいたい変な人です。でもそういう変な人がいるから新しいものが発見される。変な人を放っておいてあげたり、暖かく見守ってあげたりできる社会が、新しい何かを見つけることができ、見過ごされてきた何かに光をあてることもできる、可能性のある社会なのだと思います。

藤原　自分の自由について考えるためにはまず、自由を「発見」しなきゃいけないでしょ。発見して初めて、ああ自分は自由だとか、自由じゃないとはどういうことかがわかって、それでどうやったら自由を行使できるのかにつながっていくんだと思います。

ところが私たちは、自由を発見したことがないまま自由を語ってしまいがちですね。自由を行使するということについて疑いを持たないまま、過ごしてしまっている。だから他人の自由に対して制限をかけるということの重大さに気づけないのでしょう。

安田　かつては日本がまだ自由だったということなんですかね。どんどん自由じゃなくなってきています。自由になればなるほど選択肢が多くなるから、何を選択していいかわからなくなるし、「選択した結果」という責任を負わなければならなくなる。それが怖くて選べなくなるから結局自由ではなくなる。自由であるという状態が怖くなってくる。そんなことなら選択肢なんかないほうがいい。そうやって自ら不自由な方向に向かっていこうとしてしまうんですね。

政府がよいと言った範囲で行動し、だめと言われたら従う。自分は多数の側にいると思っていて、周りが叩いているものを自分も叩く。政府や周囲に合わせているだけなので、自分の選択という責任から逃れられる気がしているのではないでしょうか。

藤原　制限された状態で、あれやりなさい、これやりなさいと言われて生きることのほうが楽だと感じる人もいるのだと思います。

社会的に見れば以前より個人の自由が尊重されるようになり、不自由さは軽減しているはずなのに、自分から自由の行使に制限をかける。自分自身のことについては、自由を「どう使う」「使わない」の選択はそれこそ個人の自由なんだけど、他人がそれを行使することにまで口を挟んでしまう。

動物の種の保存の法則として、全体の種の中の半分くらいは同じ場所にとどまって、残りの半分くらいは何があるわけでもないのに別の場所へ移動するという現象があるらしいです。そのおかげで、災害や病気の発生があってもどちらかが残るので、生物は生き残ってきたんだそうです。

ということは、何をやってもかみ合わない人たちが、たぶん半分くらいいるんですよ。

そういう人たちとは本当はわかり合うこともできないんだろうけれど、「自分にわからないことをやっているやつのことは、気にしないでおいてやる」という寛容さが、社会にもっとあればいいんですけどね。

安田　ネット社会になって監視が強くなってしまった。

藤原　そうですね。自分の自由に他者が介入するということは、監視される、行動を制限されるということなんだけど、それをよしとしている今の世の中に対して、いや自由というものを奪われることは不自由なことなんですよ、と訴えてもなかなか理解されない。

戦争は知らないうちに始まる

安田　日本では、政府を疑うという発想が人々の中にあまりないですね。政府は最善最良のことをやっているに違いないと無条件で信じている。そう信じないやつは、非国民とか、日本から出ていけ、とか言い出す人もいる。

旧日本軍は末期には軍隊に食料すら与えず、民間人を残して撤退した。国策として進められた中南米の不毛の地への移民など、まさに棄民の歴史です。

藤原　日本は太平洋戦争に負けたときに、自分たちの国家についてきちんと考え直すということをしなかったのかもしれない。民主主義という次に変わるものが勝手に向こうから来てくれたので、自ら考える必要がないまま次に移っていったんですね。その結果、国民も加害者の一員であったにもかかわらず、意識としては被害者になった。

安田　日本はすばらしかった、と言いたい人たちは、日本は負けた側なんだから、負ける戦争をするから悪いんだとは考えないんですね。北方領土が返ってこないのは負けたからなのに。勝つ戦争ならやっていい、という話ではないのですが、負けてもすばらしいとなったら変わりようがない。

藤原　政府が間違ったことをしたために、多くの日本人が亡くなり、多くの人を殺したという経験がありながら、自分たちも被害者だと思うようになったために、戦争というものについて考えにくくなってしまったのではないかと思います。

国家によって人を殺させられたり、誰かに殺されたりすることがいかに理不尽なことか。戦争によって死んだ人の命が尊いかどうかなんて、戦争をさせた側にいる人間が言うことではない。靖国に参拝する国会議員たちが言うような、英霊は国のために尊い命を捧げてくれたのではなくて、否応なく戦争に行かされて尊い命を捧げさせられた。多くの人たちは時の政府によって死ぬ羽目になった。政府によってその事実がすり替えられてしまうのはとても危ういことです。

愛国者を自称する人たちは政府への批判を許さないけど、国を愛するということは政府を愛するということではないですね。それは日本の文化や風土、歴史や習慣を愛するということであって、政権を愛するということは愛国でも何でもない。

安田　戦争が起きたらどうなるのか、もう日本人の多くは知りません。戦争に至るとき、何がどうなって戦争が始まるのかも知りません。もしこの先、日本が戦争に向かうことがあってもその前兆に気づけず、始まってみてひどい状態になってようやく気づくことになるでしょう。

広島・長崎が核の抑止力になっているのは、原爆が落ちたらこうなるっていうことを知っているから。そういう事実を知らないと、していいのかいけないのかという判断ができなくなってしまう。知らなかったら使っちゃうわけですよ。それを伝えてきたから抑止力になっている。

藤原　戦争が始まるときは、知らないうちに戦争が起こる方向に進んでいって、気づいたらもう後戻りできなくなる。早く気づくことができれば、多少なりとも抑止力が働いたり抵抗できたりするわけですが、でもだいたいは知らないあいだに引き返せないところまで行ってしまう。

そんな状況になってしまったときには、同調圧力に抗《あらが》えないその空気を作り出すのは政府よりも、自分は世間、自分は多数派だと考える国民自身、社会のほうですね。太平洋戦争に向かう時代にも言われた「団結」のような言葉が、政府に対する異論を封じ込めていく。

安田　シリアにはずっと「非常事態法」（一九六三年制定、二〇一一年解除。国家が危機的状況に直面する非常時に発動する特別法）があったじゃないですか。イスラエルとずっと戦争をしていたこともありますが、反体制派を封じ込め、独裁政権を支えるための非常に重要な法律だったんですね。非常事態だからという名目で憲法を超えた法律になって、令状なしで拘束して拷問するなど超法規的な弾圧の根拠になっていた。一九八二年にはハマで起きた反政府運動を徹底的な焦土作戦で弾圧して数万人の死者を出しています。二〇一一年からの反政府運動が広がったので懐柔策として撤廃したけど、代わりに対テロ法ができて結局は同じことをやっている。

そしていま自民党は、改憲案でそれを出しているわけじゃないですか。改憲案で「緊急事態条項の創設」を提案している。

［注］緊急事態条項は、緊急事態が発生したときに、政府に全権を与えることを認める規定。期間も対象も限られておらず、政府の独裁を許すおそれがある。日本国憲法制定時には、その点が不安視され、緊急事態条項は盛り込まれなかった。

つまりは内閣に白紙委任状を渡してしまう法律を作ろうとしている。国民は本当にそれを認めるのか。いい独裁者であればいいとか、そういう感覚なのかもしれないけれど、それが何を意味しているのか、独裁国家になるというのはどういうことなのか、知ったうえで考えるべきですよ。

自分の意志で何かを選択するには情報が必要です。情報がないという状態は、その時点でもう、選択の自由を奪われている。つまり、自分の意志で物事を判断し、決めることができないということです。

「知る権利」というのは政府から与えられるものだとか、ただ知りたいという欲望とかではなくて、民主主義国家として、政府の行っていることが妥当なのかどうかを国民が判断するためには情報が必要だから、政府を作るうえでの必要条件として存在するものでしょう。これを否定したら民主主義国家ではなくなります。

この先、日本が進む方向を自分たちで選ぶためには、ものを知っていなくちゃいけないし、知識がないと、ひょっとしたらこうなっていくかもしれないという予測さえできません。

そうならないためには、海外で起きていることにも目を向け、今何が起こっているのか、現代の戦争はどのように始まるのか、始まるとどうなっていくのか、どうすればそれを回避できるのかを知って考えなければいけないと思います。

お互いに助け合っているのが社会です。社会が崩壊したら、誰も助けてくれず、生活できなくなっていくでしょう。東日本大震災のとき、世界中から支援が来ましたよね。日本よりずっと貧しい国からも。これは、これまで世界中の国々と戦争ではないかたちで関わってきたからですが、「遠い国なんてどうでもいい」という国は「どうでもいい」と言われるようになっていくと思いますよ。

藤原　戦争に限らず、異質なものに触れる機会があったほうがいいですね。知らない世界に存在しているものを一つでも多く見れば、自分が知る世界との違いを考えることができるからです。とくに年齢が若いなら、自分がどう生きたいかを自分で考えるきっかけは数多く、多様であるほうがいいはずです。今の日本が、「考えないほうが楽に生きていける」状況になっているということは、「考えないと生きていけない時代」を迎えつつあるということだと思います。

安田　とにかく自分の好きなことをやればいいんです。現代の日本では、同調圧力が強かったり、ほかの人がやっていないことはやりにくかったりするけれど、そんなことを気にする必要はないです。世界は広いので、面白がってくれる人は必ずいます。でも、みんなが好きなことをやるとぶつかり合うこともあって、自分だけを通そうとすると戦争になります。そうして結局は自分もやりたいことはやれなくなってしまう。人の自由を認めることで自分も自由になっていくわけです。それぞれが自分の好きなことに没頭し、ほかの人が好きでやっていることも面白がっていられるような社会であってほしいと思います。

日本のマーケットは今後どんどん小さくなります。「これしちゃいかん、あれしちゃいかん」もますます増えるでしょう。この先ずっと日本で暮らすとしたって、海外を相手にできるようなつもりでいなければ、もうやっていけなくなるでしょう。

制約の多い日本ではできないことが多いし、やりたいことがあったら、海外に出るという選択肢を念頭に置いておいたほうがいいでしょうね。生きられる場所は世界中にたくさんあるのだから。

藤原　世界に出ていくと絶対に発見があります。知らなかったことを知ることの発見もそうだし、日本では普通にあったこと、当たり前だったこと、その価値に気づいていなかったことを、違う社会に行ったときに初めて、「あれって貴重なものだったんだ」と知る発見もあるはずです。

自分と他者は違うのだということを自覚すれば、自分とは違う考え方を持つ人や、自分とは違う行動を好む人がいることが当たり前のことだと思えるようになる。また、「違い」を知るということは、「違わなさ」を知る、ということでもありますね。こんなに遠い国で、別の民族、文化、宗教で生きている人と、多くの違いがありながらも共通するものもあることに気づく。それが他者との「近さ」を知るということにもなる。「自分とは違う人」に拒絶反応から入るのではなく、では自分とは違うこの人とはどうすればうまく付き合えるのかを考えることは、自分の思索の多様性を広げることにもなります。

おわりに

「身代金」報道にこだわる理由

安田《やすだ》純平《じゅんぺい》

結局、事実なんかどうでもよいのだ――。

シリアでの三年四か月に及ぶ人質生活から帰国し、日が経《た》つにつれて実感している。拘束中から解放直後までさまざまな報道があったが、根拠の乏しい憶測やデマによるものが多く、その後それらの検証はまったくされず、新たな事実も出てきていない。

拘束中に旅券を奪われたため新たな発給を求めたが、外務省は拒否した。帰国の際にトルコが強制退去・入国拒否処分をしており、そうした場合に発給制限できる旅券法十三条に該当する、との説明だったが、これが報道されると「あれだけ迷惑をかけたのだから当然だ」という世論が巻き起こった。

しかし、その「あれだけ」が具体的に「どれだけ」なのかは、ほとんど明らかになっていない。明らかにしようという動きすら見当たらない。

象徴的なできごととしてふとしたときに脳裏に浮かぶ場面がある。帰国して八日目の二〇一八年十一月二日、日本記者クラブでの記者会見を終えたあと、あるテレビ局の夕方の報道番組にスタジオ出演したときのことだ。

「身代金を払われていたとしたら、どう思いますか」

キャスターにこう聞かれた際に覚えた徒労感のようなものが、澱《おり》のように腹の奥底に残り、その後も積み重なり続けている。

このときは、「だとしたら」という仮定の話に対して答える必要があるのか、と一瞬言葉に詰まったが、おおよそ以下のように答えた。

「後藤さんの件では、身代金によって命が助かるのであればよいのではないかとか、それで帰ってくれれば貴重な情報をもたらすだろうと思う一方で、自分に身代金が払われた場合、自分はそれに見合う人間なのか、自分の行動はそれに見合うものだったか悩むと思う。身代金が払われるということになったら、現地取材をするかどうかという考え方も変わるかもしれない」

これは一般論として拘束中にも考えていたことだが、身代金が払われたとは現実的に考えにくい、ということだけを強調すべきだった。しかしこのときの私の脳裏にあったのは、自分は聞かれた質問自体の問題を指摘してよい立場にはないということだったので、「だとしたら」の話に合わせて話をしてしまった。無難に乗り切ろうとしたことによる過ちだった。

三年四か月の間にあった拘束者とのやり取りや、解放交渉に必須である生存証明を取られていなかったことなどから、解放される前から「身代金の支払いはない」と確信していた。日本の外務省職員と話した感触から、それは一層強くなった。

ところが、帰国中の飛行機の中で、ある新聞社の記者から「身代金が払われましたがいかがですか」と聞かれて戸惑《とまど》った。確定情報としている根拠を尋ねたが、記者は何も答えなかった。解放後、一晩入れられたトルコの入管施設では情報に触れることができなかったので、何が起こっているのか想像もできなかった。

三年四か月の監禁から解放された直後であり、心身への影響の程度が未知数であったことや、その間に日本の中で何が起きていたのかを何も知らずにメディアの前に出ることを危ぶんだ家族が、検査のための入院先を用意していた。いずれ説明する機会をつくってもらうということで、この日はメディアに了解してもらった。

対談で詳細に触れているが、会見までの間に調べると、メディアが「身代金が払われた可能性」と報道している根拠は、在英シリア人のＮＧＯ〈シリア人権監視団〉が「信頼できる情報源によると、カタールが払った」と日本メディアに語ったことと、私が映った動画を日本メディアに提供していたシリア人活動家が「タダではない」と述べたこと、の二点だ。

しかし、同NGOが自らのウェブサイトに載せたリポートには、「四日前に引き渡されていたが、政治的な理由で発表が遅れた」という明らかな虚偽情報が入っていた。また、その活動家は、解放前に日本メディアに「安田は自殺未遂を三回した」などと虚偽の話をしていたこともわかった。交渉に応じない日本側を揺さぶるための宣伝工作を仕掛けていた拘束者側の人物である。つまり、いずれも信ずるに値する情報ではない。

私が帰国するのを待って確認すれば、これらが虚偽を含む情報であり、そのまま報じてよいたぐいのものではないことがわかるはずだが、私がすぐに帰国することを知りながらその前に報道してしまっていた。

帰国の機内には、テレビ局の旧知の記者が乗っており、拘束中につけていた日記の存在を話すと撮影を求められた。必ず生きて帰って、まとまったかたちで発表するつもりで書きためていたものであり、自分にとっては命と言ってもよいくらいのものだ。機内で見せる程度で済ませる気はなかったが、「日記が存在している、ということだけなら」と手に持って開いて見せることにした。スマートフォンで多少寄る程度で撮影していたので気にしなかった。

ところが、入院中に情報番組を見ていると、私に無断で映像を引き伸ばし、傍線などを引きながら勝手に日記の中身を画面に映してアナウンサーが読み上げていた。報道各社には会見までは取材を控えてもらうよう、窓口になってもらっていた弁護士を通して頼んでいたため、この局だけが日記を〝入手〟したことについて、弁護士のもとに抗議が殺到した。デジタル放送で使用できるほどにスマートフォンのカメラが進歩していたことを知り、三年四か月という失った時の長さを実感した。

万が一視聴者が画面に映った日記の文字を拡大して読んでも支障のないページを選んで開いたために、「番組で読んでも構わないと解釈してしまった」と同記者はのちに私に語ったが、私は当時、「早く会見をしなければ、こちらが黙っている間に言いたい放題、やりたい放題にされる」との懸念を募らせた。家族からは、「もう少し先にしたほうがいい」と言われたが、私は一刻も早く会見したかった。会場の都合があり、会見できたのは八日目になってからだった。

記者会見は事実関係をできる限り詳細に説明した。記者会見の場である以上、一般の人にわかるようにするのは会見に来た記者の仕事であり、こちらは憶測や価値判断を挟まずに淡々と語ることを心がけた。「身代金」報道の根拠となった情報が虚偽を含むものであることは、会見を聞いていればわかったはずだ。事実関係を説明すれば、その情報に疑義があることが報じられるとの淡い期待を抱いていた。

「信憑《しんぴょう》性不明」などと断ってすむなら何でも書けてしまう。「ない」は証明のしようがないのだから、「ある」と信じるに足るだけの十分な根拠がなければ「ある」と報じるべきではない。これは、報道に携わる人間として誰もが持っているはずの最低限の倫理観だと思っていた。

しかし、それは幻想であったことを、数時間後には前述のキャスターからの質問によって思い知った。「身代金」報道は多数のデマを含んでいたことについて訂正も修正も疑問も提示されることなく、検証された形跡もないまま残り続けている。

身代金の支払いが実際にあったとしても、公にはどの国も認めていない。しかし、欧米人の事例では、生存証明を取るなどの解放の経緯を含めかなり詳細に報じられている。

だが、私の件の場合は、払ったとは考えにくい不自然な事実関係しか出てきていない。解放までの経緯が、ほかの国の人質の場合とあまりに異なっているのだ。日本政府は、他国が解放に成功した方法を知った上で、それらをことごとく避けていた。それは、そうすることで殺される可能性が高まることも踏まえた上で「身代金を払わない」と政治的に決めていたから、としか考えられない。このあたりも対談で触れたとおりである。

私が「身代金」報道にこだわるのには理由がある。

帰国する機内で、記者に対して「望まない解放のされ方だった」と私が話したことについて、「救出した日本政府に感謝するどころか批判をした」という捉《とら》えかたをされた。「むかつきましたよ」などと話す右翼系の動画サイトもある。その後もネットで「政府を批判した」「感謝も謝罪もしない」と言われ続けているのはこれが原因だろう。

私が言いたかったのは、解放の経緯を見れば身代金を払ったとは考えにくいにもかかわらず、日本大使館に引き渡されるかたちで解放されたことで、「日本人を人質にすれば身代金を取れる」と世界中が認識し、すべての日本人が危険にさらされるおそれがあるため、「望まないかたちだった」ということだ。

二〇〇四年のイラクでの拘束が、何ら要求の出ていないスパイ容疑によるものであったにもかかわらず、日本メディアによって「人質」と報道されたことで、「日本は金を払う」と思われたのが今回、実際に人質にされた発端である。身代金が払われないことを確信していた私は、「今回こそはそうしたデマが広まらないようにしなければ」と拘束中ずっと考え続けていたが、再び根拠の乏しい「身代金」報道が拡散される結果となった。

さらに、「安田純平のせいで身代金がテロリストに渡り、一般市民が殺される」などとデマがデマを呼ぶ状態になり、旅券発給拒否で「当然」という世論が醸成された。世界中どこにも行ってはいけないという出国禁止という措置は相当に重い処罰だが、具体的な根拠を示すことなく、その「量刑」に値するだけの行為があったかのように世の中に刷り込まれていった。

明らかなデマを書いた人たちの多くは、その後も訂正も削除もしていない。過去の拘束では相手からの要求はなく、人質になったのは今回が初めてだが、「三回も人質になる人間は世界中見渡してもいない」などとデマをもとにした誹謗《ひぼう》中傷をしたジャーナリストの記事は、SNSで広く拡散されたまま放置されている。私が拘束中に三回自殺未遂をしたという拘束者側が流したデマをそのまま報じたテレビ局は、私が否定した後になってもその記事をネットに掲載し続けている。つまり私が嘘《うそ》を言っているという扱いである。当然、その理由も示されていない。事実関係など、そもそもどうでもよいのだろう。

もちろん、報道によって助かっている部分もある。拘束者から家族に送ると言われて書かされた文書を取材で入手していたテレビ局のおかげで、私が「身代金を絶対に払うな」という趣旨の暗号を書いていたという物証が公になっている。これには日本政府は一切関与しておらず、「身代金」報道や、「政府に救《たす》けてもらうつもりだった」というデマに反論する強力な材料になっている。同局が解放後までこれを報じなかったのは、暗号を解読したうえで私の身の安全に配慮したからだった。

また、家族を宴席に招き、事件については一切触れずに気晴らしをさせてくれたり、妻の記者会見の際にアドバイスしてくれたり、弁護士を紹介してくれたりしたのもテレビ局の人たちだった。拘束中に最も気がかりだった家族を気遣ってくれていたことには感謝しかない。

拘束中に、周囲で起きていたことを最も詳しく取材していたのが本書の対談相手である藤原さんだ。スペイン人の解放に関《かか》わった、スペイン政府が設置した対策委員会の関係者や、拘束者につながる人物、仲介役になろうとした複数の人物に真偽不明の情報を流していた事件屋シリア人、私が映った映像などを公開していたシリア人活動家、ウイグル人関係など、騒動に関わった多くの人々に会っており、その後の検証に非常に有効な情報を持っている。記者会見の前にも電話で話をして貴重な情報を提供してもらった。最も重要な、事実関係について相談できる相手でもある。

日銭を稼ぐ仕事に私が誘ってからの付き合いで、仕事の後に夕方から朝まで飲むこともたびたびあったが、「ジャーナリストになったきっかけ」のような話はほとんどしていない。興味があるのは江戸時代の文化か幕末の動乱か、好きなのは日本酒かワインかというような、たわいのない雑談をする合間に、紛争地の取材で思い知った己《おのれ》の愚かさや人間としての小ささについて吐露しあうことがたびたびあったと記憶している。情報交換の意味合いが強い現地の人々や状況についてよりも、紛争地取材の話で感動的なのはそうした話だが、それを語れる人はあまり多くない。

藤原さんは、今回の拘束事件の顚末《てんまつ》はもちろん、紛争地で打ちのめされた話や、内向きになっていく日本社会の中で溜《た》まりに溜まった鬱憤《うっぷん》を吐き出せる、この上ない対談相手になってくれた。この場を提供していただいたdZEROの松戸さち子さんと、最後まで辛抱強く読んでくださった読者のみなさんに感謝申し上げたい。

［著者略歴］
安田純平　ジャーナリスト。1974年、埼玉県に生まれる。信濃毎日新聞の記者を経て、フリーランスのジャーナリストに。在職中の2002年から、アフガニスタンやイラク、シリアなどの紛争地を中心に取材を続けている。2015年6月、取材のためにトルコからシリアへの国境を越えたところで武装組織に拘束され、3年4か月のあいだ監禁される（2018年10月解放）。著書に『囚われのイラク』（現代人文社）、『ルポ 戦場出稼ぎ労働者』（集英社新書）、『シリア拘束 安田純平の40か月』（扶桑社）などがある。
藤原亮司　ジャーナリスト（ジャパンプレス所属）。1967年、大阪府に生まれる。1998年からパレスチナ問題を追っている。ほかに、シリア、イラク、ウクライナ、アフガニスタンなどの紛争地や、国内では在日コリアン、東日本大震災、原発問題などの取材を続けている。安田純平の拘束中には、独自の人脈をたどってトルコにも足を運び、安田の安否情報の収集に奔走した。著書に『ガザの空の下』（dZERO）がある。

戦《せん》争《そう》取《しゅ》材《ざい》と自《じ》己《こ》責《せき》任《にん》

編著者　安《やす》田《だ》純平《じゅんぺい》＋藤《ふじ》原《わら》亮司《りょうじ》

2019年11月25日　第1刷発行

装丁　鈴木成一デザイン室
著者写真　阿久津知宏

発行者　松戸さち子
発行所　株式会社dZERO
https://www.dze.ro/
千葉県千葉市若葉区都賀1-2-5-301 〒264-0025
TEL: 043-376-7396　FAX: 043-231-7067
Email: info@dze.ro

本文DTP　株式会社トライ
印刷・製本　モリモト印刷株式会社

落丁本・乱丁本は購入書店を明記の上、小社までお送りください。
送料は小社負担にてお取り替えいたします。
価格はカバーに表示しています。
978-4-907623-27-2

dZEROの好評既刊

岡江 晃

統合失調症の責任能力 なぜ罪が軽くなるのか

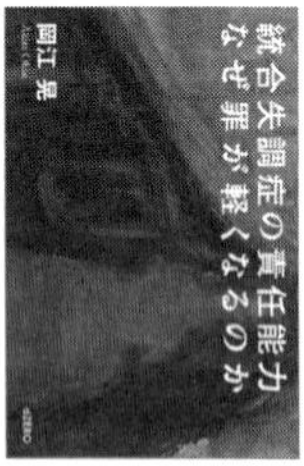

宅間守元死刑囚をはじめ、九十一件の精神鑑定を行ってきた著者が、鑑定事例を引きながら「責任能力のある・なしの境界線」を問う。

本体 1800円

森 達也

クラウド 増殖する悪意

正義を振りかざし、大勢で一人を叩きのめす善良な市民たち。抗うことをやめ、萎縮するメディア。そんな日本の現実に一石を投じる。

本体 1500円

鈴木邦男

歴史に学ぶな

歴史は面白い、しかし危うい。龍馬や信長、土方は果たしてヒーローなのか？歴史に学ぶ危うさを著者の実体験から語る。

本体 1500円

定価は本体価格です。消費税が別途加算されます。本体価格は変更することがあります。